CHRISTIAN KLAR

Was ist los in unseren Schulen

CHRISTIAN KLAR

Was ist los in unseren Schulen

Ein Schulreport

Seifert Verlag

Umwelthinweis:
Dieses Buch und der Schutzumschlag wurden auf chlorfrei gebleichtem Papier gedruckt. Die Einschrumpffolie – zum Schutz vor Verschmutzung – ist aus umweltverträglichem und recyclingfähigem PE-Material.

1. Auflage

Umschlaggestaltung: Davor Kujundzic, unter Verwendung
eines Fotos von Richard Schuster
Verlagslogo: © Padhi Frieberger
Druck und Bindung: EuroPB s.r.o., Příbram
ISBN: 978-3-904123-89-1
Printed in the EU

INHALT

VORWORT

Seit fast vierzig Jahren bin ich im Schuldienst tätig und davor natürlich selbst Schüler gewesen. Das sind dann nochmals zwölf Jahre zusätzliche Berufserfahrung, schließlich ist es mit der Bildung ähnlich wie im Fußball: Jeder, der schon mal selbst Fußball geschaut hat, kennt sich besser aus als der jeweilige Teamchef der Fußballnationalmannschaft. Genauso ist jeder, der schon mal selbst in die Schule gegangen ist, eigentlich Bildungsexperte. Oder Bildungsexpertin natürlich, ich werde mich bemühen, das Gendern durchzuhalten, kann es aber nicht versprechen. Ich halte es grundsätzlich für wichtig, aber dadurch werden Texte manchmal schwer lesbar. Wenn man sich zum Beispiel Interviews im TV ansieht, fällt übrigens auf, dass es fast niemand schafft, durchgängig zu gendern. Spätestens beim dritten oder vierten zu gendernden Wort wird darauf vergessen, oder es wird zum Beispiel ein schnelles „Lehrer und Lehrer" draus, das klingt zwar lustig, aber es bleibt dann doch ungegendert.

Immer wenn ich in Gesellschaft ein paar Anekdoten zum Besten gegeben habe, wurde ich gefragt, ob ich über meine Erlebnisse aus dem Schulalltag ein Buch schreiben möchte. 2016 erhielt ich eine Anfrage von einem Journalisten, der für einen Artikel im *Standard* ein Interview mit mir führen wollte. Ich sagte zu, das Interview erschien in der Wochenendausgabe. Am gleichen Wochenende wurde ich als Gast für eine Publikumswortmeldung zu „Im Zentrum“ eingeladen. Es folgten viele weitere Medienauftritte. Dadurch kamen wiederum vermehrt Fragen, ob ich nicht alles niederschreiben wolle, diesmal vor allem von Journalisten, aber auch von Kollegen und Kolleginnen, die meine Sorgen und Ängste, was die aktuellen Entwicklungen im Schulwesen anbelangt, teilten. Das hat mich bestärkt, und nun ist es so weit, ich habe mich entschieden, das Buch zu schreiben.

Alle Geschichten in diesem Buch sind wahre Geschichten, alle vorkommenden Personen gibt es wirklich. Selbstverständlich werden die Persönlichkeitsrechte aller gewahrt. Die Namen aller Schülerinnen und Schüler wurden geändert, und es gibt keine Schuljahres- oder Klassenangaben, um die Anonymität zu gewährleisten. Lediglich die Angabe der Schulstufe sowie des Geschlechts ist immer korrekt, weil diese im Zusammenhang mit den jeweiligen Geschichten wichtig sind. Auch bei erwachsenen Personen wurde der Name geändert oder auf eine Namensangabe verzichtet. Eine Ausnahme bildet Waris Dirie, die Wüstenblume. Mit ihrem Einverständnis und ein bisschen Stolz, sie kennen und als Freundin bezeichnen zu dürfen, nenne ich ihren Namen, weil er im Zusammenhang mit dem Thema FGM (Female Genital Mutilation / weibliche Genitalverstümmelung) wichtig ist (dazu mehr in Kapitel 7.3).

Selbstverständlich ist Kritik an der Situation sowie Vorschläge für notwendige Maßnahmen immer politisch. Gleichzeitig habe ich versucht, Parteipolitik, bildungspolitische Ideologie und Haltungen so weit wie möglich aus diesem Buch herauszuhalten. Ich erzähle reale Geschichten und versuche damit, ein Bild von der aktuellen Situation in der Schule zu zeichnen. Die beschriebenen Lösungsvorschläge und Forderungen sind meine persönliche Meinung.

Dieses Buch zielt auch darauf ab, vor einigen aktuellen Entwicklungen zu warnen. Besonders in Ballungszentren gibt es Schulen mit hohem Anteil an Kindern mit Migrationshintergrund, sogenannte Brennpunktschulen. Kann hier Integration noch gelingen oder ist die Schule damit überfordert? Wie verändert sich die Gesellschaft, und wie beeinflusst das die Schule? Welche Rolle spielen Kultur und Religion? Fragen, die ohne Tabuisierung gestellt werden müssen.

Denn aus dem „Wir schaffen das!" ist längst ein „Schaffen wir das?" geworden.

EINLEITUNG

Warum ich Lehrer wurde

Schon als Jugendlicher dachte ich darüber nach, ob ich denn ein besserer Lehrer wäre als so manche, die ich erleben durfte. In der Schule hatten wir viele autoritäre Lehrerinnen und Lehrer. Das gefiel mir natürlich gar nicht, da ich als Lausbub, der ich auch sein konnte, manchmal ihre Strenge zu spüren bekam. Wir hatten aber auch einige Lehrpersonen, die unglaublich nett, aber ohne jede Autorität waren. Die hatten kein Durchsetzungsvermögen und wurden von uns Schülern nicht ernst genommen. Dann gab es da noch einige wenige, die mich tief beeindruckten. Diese besaßen eine natürliche innere Autorität, etwas, was man vermutlich nur begrenzt lernen kann.

Nach der Matura begann ich dann doch, Psychologie zu studieren, da ich Zweifel hatte, ob ich über diese natürliche Autorität verfügte. Ich war gerade 22 Jahre alt, als mein Sohn zur Welt kam, und so musste ich mir über meine berufliche Zukunft Gedanken machen und kam einerseits zum Schluss, dass mit dem Lehrerberuf Familie und Kinder sehr gut vereinbar wären und ich inzwischen überzeugt war, dass ich diese natürliche Autorität doch besitze. So begann ich im folgenden Herbst an der pädagogischen Akademie Hauptschullehramt für Mathematik und Sport zu studieren. Drei Jahre später schloss ich mein Lehramtsstudium ab und unterrichtete ab Herbst 1988 an einer öffentlichen Hauptschule in Floridsdorf.

Meine weiteren Stationen: zwölf Jahre jüdische Privatschule, neun Jahre Polytechnische Schule, zwei Jahre an der pädagogischen Hochschule. Nach 23 Jahren kehrte ich als Schulleiter nach Floridsdorf zurück. Nun liegen bereits 12 Jahre Leitung einer Wiener Mittelschule mit besonderen Herausforderungen hinter mir, und ein paar werden wohl noch dazukommen. Inzwischen ist mein Sohn bereits erwachsen und wie sein Vater Mittelschullehrer für Sport und Mathematik und kommt sogar in diesem Buch vor.

Pädagogik oder Verwaltung

Als Schulleiter muss man sich entscheiden, ist man nahe bei den Kindern, den Eltern, den Lehrpersonen oder hat man eine perfekt verwaltete Schule. Allem gerecht zu werden, ist nahezu unmöglich. Meine Entscheidung war keine bewusste. Von meinem ersten Tag an als Schulleiter hatte ich fast täglich so viele größere und kleinere Probleme zu lösen oder mir zumindest anzuhören, dass der Arbeitstag oft vorüber war, bevor ich mit Verwaltungsarbeiten beginnen konnte. Eines Tages führte ich meine direkte Vorgesetzte (damals noch Bezirksschulinspektorin) auf einen Rundgang durch meine Schule. Natürlich hatten wir uns vorbereitet und konnten ein schönes Schulleben mit tollen Projekten präsentieren. Gleichzeitig war aber auch der Alltag zu bewältigen. Ich beendete im Vorbeigehen eine kleine Rauferei, fragte ein Kind, warum die Mutter nicht zum vereinbarten Termin erschienen war, und vieles mehr. Auch die Kinder unterbrachen den Rundgang mit dem hohen Besuch und fragten allerlei Dinge. Bis sich meine Vorgesetzte verblüfft zu Wort meldete: „Sag mal, kennst du alle Kinder in der Schule beim Namen, weißt, wer sie sind und in welche Klasse sie gehen?!“ Die einfache Antwort war: „Ja, manchmal verwechsle ich schon einzelne, aber im Großen und Ganzen, ja.“ Diese Anekdote soll beschreiben, was mir als Schuldirektor wichtig ist, nämlich einen Ort zu schaffen, an dem sowohl die Kinder als auch Lehrerinnen und Lehrer ein gutes Lernklima vorfinden und die Eltern das Gefühl haben, dass ihre Kinder in der Schule gut aufgehoben sind. Nach den vielen Jahren sind mir vielleicht nicht mehr alle Namen so geläufig, was aber nicht daran liegt, dass das Interesse an den Kindern abgenommen hätte.

In der Schule erkennt man, wie sich die Gesellschaft verändert

„Die Schülerinnen und Schüler sind die Erwachsenen von morgen“ ist ein gerne verwendeter Satz. Natürlich muss man die Entwicklung vom Jugendlichen zum Erwachsenen und damit einhergehende Veränderungen in Einstellung, Haltung und Lebensweise mitbetrachten. Trotzdem: Aus den Trends und Veränderungen in den Grundhaltungen, die wir in den Schulen beobachten, können wir auch Auswirkungen auf die Gesellschaft der Zukunft ableiten. Der bekannte Kinder- und Jugendpsychiater Michael Winterhoff hat vor Kurzem den Satz geprägt: „Die Kinder von heute werden nicht arbeitsfähig sein, wenn wir nicht sofort gegensteuern." Auch wenn dies überspitzt klingen mag, ich mache mir aufgrund meiner Beobachtungen Sorgen. Sind es auf der einen Seite die Work-Life-Balance und der Weg des geringsten Widerstandes, so steht dem manchmal der Selbstbedienungsladen des Sozialstaates gegenüber. Während in Schulen wie der meinen oft das Bildungsinteresse fehlt und manche nach dem Abschluss nur rudimentäre Rechen-, Schreib- und Lesekenntnisse erworben haben, scheitern andere am Leistungsdruck ihrer Eltern. Aber auch Rücksichtslosigkeit, Egoismus und Gewaltbereitschaft nehmen zu. Waren es vor Jahren harmlose Raufereien, so wird heute mit unglaublicher Brutalität gekämpft. In der Schule ist man mittendrin in der Gesellschaft, und man muss erkennen: Nationalismus, Rassismus und religiöser Fanatismus werden immer stärker. Die Möglichkeiten der Schule, bei all diesen Entwicklungen gegenzusteuern, verringern sich dabei immer mehr. Wir brauchen klare Regeln und Sanktionsmöglichkeiten gegenüber jenen, die sich nicht an diese Regeln halten wollen. „Systemsprenger", die allen anderen das Leben in der Schule und auch später in der Gesellschaft schwermachen, passen nicht in das System. Integration heißt Anpassung, woran, muss die Schule vorgeben.

Der Staat hat die Aufgabe, einen Rahmen und für jeden und jede alle Möglichkeiten für ein erfolgreiches Leben zu bieten. Diese Möglichkeiten zu nutzen, ist die Verantwortung jedes Einzelnen!

Warum dieses Buch

Ich habe mich für das, was ich tue, immer mit viel Kraft eingesetzt, für meine Haltung und Einstellung bin ich lautstark eingetreten. Immer wieder habe ich dafür viel Zustimmung, aber auch viel Widerstand erlebt.

Die Schule ist ein Spiegel der Gesellschaft, aber auch ein Ort, an dem man noch steuern kann, wenn man den Mut hat, für seine Haltung einzutreten, statt verzweifelt aufzugeben. Das Buch soll Mut machen aufzustehen, es soll aber auch eine Warnung sein, wohin wir uns gerade entwickeln.

Christian Klar

1. VERÄNDERUNG IN DEN SCHULEN

Schule verändert sich, und es gab noch keine Zeit, in der nicht Lehrpersonen und andere den guten alten Zeiten nachtrauerten. Aber ist es diesmal auch reine Nostalgie, oder sollten uns die Veränderungen nicht doch Sorgen machen?

Wenn man die Ursachen genauer betrachtet, sollte man diese Sorgen nicht einfach wegwischen.

Niveauabfall in den Schulen

Darf ich zu Hause gehen?

Immer wieder kommt es vor, dass Kinder sich krank fühlen und nach Hause geschickt werden möchten. Um zu verhindern, dass dies bei einem Kind zu oft geschieht, wird die Entscheidung letztlich vom Klassenvorstand oder mir in Absprache mit den Eltern getroffen. Daher kommen relativ häufig Kinder zu mir und bitten, heimgeschickt zu werden. Handelt es sich nicht um bekannte Dauerschwänzerinnen oder Dauerschwänzer, ist das grundsätzlich ein Routinevorgang. Meistens bitte ich das Kind, das Handy aus dem Spind zu holen, es anzuschalten, auf Lautsprecher zu gehen und die

Eltern anzurufen. Meistens folgt dann auf die Frage „Darf ich zu Hause gehen?“ meine Rückfrage „Darfst du schon, aber wie kommst du hin?“ Lange Zeit war die Reaktion häufig ein verwirrter Blick, inzwischen folgt die Antwort in korrektem Deutsch meistens schnell: „Mir ist schlecht, darf ich nach Hause gehen?“

Immer wieder korrigiere ich das Deutsch meiner Schülerinnen und Schüler. Eines Tages sitze ich wieder im Speisesaal, zwei Burschen kommen zu spät zum Essen. Die zuständige Lehrerin fragt streng, warum sie zu spät kommen. „Ich war Müll“, erklärt sofort einer der Burschen. „Du warst also Müll, aber was bist du jetzt? Und wo warst du?“, lautet meine Antwort. Der Bursche schaut verdutzt, sein Freund reagiert schneller. Bevor ich etwas sagen kann, antwortet er in korrektem Deutsch: „Ich war den Müll hinaustragen, deshalb bin ich zu spät gekommen, aber jetzt bin ich da.“

Es gibt viele weitere Beispiele: „Ich geh Billa“ oder „Mein Vater ist AMS, ich werde auch AMS“ auf die Frage nach dem Berufswunsch sind bittere Realität. Auch unter österreichischen Kindern kann die Frage nach den Plänen am Nachmittag zur Antwort führen: „Zuerst ich mache Hausübung und dann ich gehe Park.“

Fehlende Schulreife und fehlende Deutschkenntnisse bei der Einschulung

Hat ein Kind vor dem 1. September eines Jahres den sechsten Geburtstag, so ist es ab diesem Herbst schulpflichtig. Zu diesem Zeitpunkt sollte es bereits zumindest ein, besser zwei Jahre Kindergarten hinter sich haben.

Bei der Einschulung wird die Schulreife festgestellt. Kinder, die altersmäßig schulpflichtig, aber noch nicht schulreif sind, sollten einen Platz in einer Vorschulklasse bekommen. Jene Kinder, die schulreif sind, aber nicht ausreichend Deutsch können, bekommen einen Platz in einer Deutschförderklasse. Beides bedeutet letztlich bereits den ersten Schuljahresverlust. Leider gibt es immer mehr Kinder, welche die Schulreifekriterien nicht oder schlecht erfüllen. Da es aber viel zu wenige Plätze für Vorschulkinder gibt, werden diese Kriterien immer weniger beachtet. Ich habe mich darüber mit einer Volksschullehrerin unterhalten, die hauptsächlich in einer Vorschulklasse sowie einer Deutschförderklasse für Schulanfängerinnen und Schulanfänger unterrichtet. Ihre Beschreibung ist ernüchternd: Viele in Österreich geborene Kinder können nicht ausreichend Deutsch, um sich verständigen zu können. Zusätzlich erbringen sie die für die Schulreife erforderlichen Kriterien nicht: Diese Kinder können keinen Stift halten, und sie können keine Flächen ausmalen. War es früher üblich, dass viele Kinder bei der Einschulung ihren Namen schreiben konnten, so können sie nun häufig keinen einzigen Buchstaben schreiben oder lesen. Auch einfache Rechnungen zu lösen, wie zum Beispiel zwei plus zwei oder Ähnliches, war früher durchaus üblich. Heute können die Kinder oft nicht bis zehn zählen. Sogar Basisfertigkeiten, wie sich alleine anziehen oder ausziehen, die Schuhe mit einer Masche zubinden oder dergleichen, darf man nicht mehr erwarten.

Bedenkt man, dass viele Wissenschaftlerinnen und Wissenschaftler darauf hinweisen, dass die vorschulische Entwicklung entscheidend für das weitere Leben ist, wurde hier bereits Grundlegendes versäumt. Bevor man über die gemeinsame Schule der 10- bis 14-Jährigen nachdenkt, sollte man sich damit befassen, wie man bei der Einschulung mit diesen fast nicht mehr aufholbaren Defiziten von bis zu drei Entwicklungsjahren umgehen soll und welche Folgen daraus für die weitere Schulkarriere resultieren. Abgesehen davon ist die Mittelschule inzwischen eine Schule der 10- bis 17-Jährigen.

Ein Faktor, der die Schwierigkeiten im Bereich der Einschulung verstärkt, ist die unterschiedliche Kompetenz an dieser Schnittstelle. Während die Volksschulen in die Kompetenz der Bildung und damit des Bildungsministeriums gehören, sind Kindergärten nicht Teil der Bildungseinrichtungen und fallen damit in die Länderkompetenz. Es gibt daher keinen Datenaustausch zwischen Kindergarten und Volksschule. Wird also bei einem Kind im Kindergarten ein sonderpädagogischer Förderbedarf oder eine Entwicklungsverzögerung festgestellt, so darf diese Information nicht weitergegeben werden. Es bedarf eines neuen Feststellungsverfahrens nach der Einschulung. Zusätzlich ist die Anzahl zu vergebender SPFs (Sonderpädagogischer Förderbedarf) in den Bundesländern gedeckelt. Unabhängig vom Bedarf der Kinder darf nur ein sehr geringer Prozentsatz eines Jahrgangs einen SPF zuerkannt bekommen. Eigentlich würden aber wesentlich mehr Kinder diese Förderung benötigen. So ist bereits in der Volksschule, noch mehr aber in der Mittelschule klar, dass es nur durch Anpassung der Anforderungen an diese Schülerinnen und Schüler gelingen kann, ihnen eine erfolgreiche Schulkarriere zu ermöglichen und den Schulen zu viele Repetenten zu ersparen. Trotzdem nimmt die Zahl der Kinder, die mit ein, oft sogar zwei Jahresverlusten in die Mittelstufe kommen, zu. Sie benötigen bereits für die Volksschule bis zu sechs statt der vorgesehenen vier Jahre. Dass diese Entwicklung für jene Kinder, die gute Voraussetzungen mitbringen, nicht förderlich ist, muss hier nicht extra erwähnt werden.

Heterogene Klassenzusammensetzung durch überaltrige Kinder

Viele Kinder sind in Österreich geboren, sprechen beim Schuleintritt jedoch nicht ausreichend Deutsch, um dem Unterricht folgen zu können.

Immer wieder werden die unzureichenden Sprachkenntnisse in Österreich geborener Schulanfänger in den Medien thematisiert. Oft wird dies als Aufhänger genutzt, um eine ideologische Diskussion über die Sinnhaftigkeit von Deutschförderklassen in der Volksschule zu führen. Das eigentliche Problem ist die Auswirkung: Unabhängig davon, ob die Kinder ohne ausreichende Deutschkenntnisse in einer Regelklasse oder ob sie in einer Deutschförderklasse sitzen, egal, ob sie mit sechs, acht, zwölf oder zwanzig speziellen Förderstunden unterstützt werden, mit ungenügenden Deutschkenntnissen können sie nicht in die zweite Klasse aufsteigen. Mit diesem Jahresverlust benötigen sie schon zumindest fünf statt der vorgesehenen vier Jahre für die Volksschule. Kommt dann noch ein weiterer Jahresverlust hinzu, sind diese Kinder beim Einstieg in die Sekundarstufe bereits zwei Jahre älter als vorgesehen. So starten in den Mittelschulen nicht selten Klassen, in denen weniger als die Hälfte der Kinder im regulären fünften Jahr der Schulpflicht ist. Etwa zwei Drittel der anderen Hälfte befindet sich bereits im sechsten und ein Drittel sogar im siebten Jahr der Schulpflicht.

Im Schuljahr 23/24 waren an meinem Standort, einer Mittelschule in Wien, in den vier ersten Klassen (also in der fünften Schulstufe) 16 Kinder bereits im 7. persönlichen Schuljahr, weitere 44 Kinder waren im 6. persönlichen Schuljahr. Lediglich 43 der insgesamt 105 Kinder waren regulär im fünften persönlichen Schuljahr. Für die Mathematiker: Stimmt, es fehlen noch zwei Kinder, die waren im

8. persönlichen Schuljahr, hätten also vom Alter her in den Abschlussklassen sitzen müssen.

Auch in den weiteren Klassen sind viele überaltrige Kinder, manche ohne Interesse an Schule und daher letztendlich ohne Pflichtschulabschluss.

Farhad ist 13 Jahre und geht in die erste Klasse

Farhad ist schon in der Volksschule verhaltensauffällig und schulisch sehr schwach. Er ist in Österreich geboren, seine Mutter kann kaum Deutsch, seinen Vater kennt er nicht. Farhad benötigt sechs Jahre, um die Volksschule abzuschließen. Als er dann in die Mittelschule kommt, wird er der Mutter bereits vom Jugendamt abgenommen. Nun wohnt er in einer Wohngemeinschaft.

Farhad ist in der Mittelschule von allem überfordert, er kann dem Unterricht nicht folgen, seine Hefte und Bücher hat er wenige Wochen nach Schulbeginn bereits verloren. Da er größer und kräftiger ist als die anderen Kinder in der Klasse, regiert er die Klasse mit Gewalt. Er hat keine Schuljause mit, also muss sie ihm jemand anderer abgeben, wenn er sich etwas kaufen möchte, fordert er Geld. Die Mädchen der Klasse versuchen, Abstand zu halten, seine obszönen Gesten und seine Berührungen stoßen sie ab, verhindern können sie sie nicht.

Zweimal im Laufe des Schuljahres wird Farhad suspendiert, als er zurückkommt, benimmt er sich unverändert. Es liegt nicht daran, dass Farhad sich nicht bemühen und einfügen möchte, er kann es nicht. Farhad schafft die erste Klasse ein weiteres Mal nicht. Im kommenden Schuljahr wäre er in der vierten Klasse, wird aber noch einmal die erste wiederholen müssen, in seinem achten persönlichen Schuljahr und schulpflichtig.

Im Park ist Lucian der Chef

Lucian ist in Österreich geboren, seine Eltern kommen aus Rumänien. In seiner Volksschulzeit kümmert sich niemand um ihn. Seine Eltern sind zu sehr mit ihren eigenen Problemen beschäftigt, es gibt auch Gewalt in der Beziehung der Eltern.

Als Lucian in die Mittelschule kommt, hat er bereits zwei zusätzliche Schuljahre absolviert, er ist also dreizehn. Er kann sich keinem Ordnungsrahmen unterordnen, das hat er nie gelernt. Er geht ohne Erlaubnis in der Klasse spazieren, auch hat er nicht gelernt, fremdes Eigentum zu respektieren. Was er haben möchte, nimmt er sich einfach. Wer sich dagegen wehrt, muss erkennen, dass Lucian größer und stärker ist. Es gibt fast täglich Vorfälle mit ihm, meistens sind es Kleinigkeiten, aber die Summe der Vorfälle belastet die Klasse sehr.

Es gibt viele Gespräche mit der Mutter. Da sie kein Deutsch spricht, bringt sie immer ihre Nachbarin zum Übersetzen mit. Verständnis für die schwierige Situation ihres Sohnes, aber auch der anderen Kinder, die durch Lucian in Mitleidenschaft gezogen werden, bringt sie nicht auf.

Das Jugendamt wird eingeschaltet und übernimmt die Familie in seine Betreuung. Erst dadurch wird die Gewalt des Vaters bekannt, es gibt eine Wegweisung. Für die Mutter ist das nur teilweise eine Erleichterung. Nun muss sie keine Angst mehr haben, aber sie muss lernen, selbstständig zu leben. Für Lucian und seine Probleme hat sie keine Kraft.

Lucian ist mit der Schule völlig überfordert, auf der Straße und im Park kennt er sich aber aus, da ist er der Chef. In die Schule kommt er nur, weil im Park am Vormittag noch nichts los ist.

Lucian schafft daher die erste Klasse nicht, er wird sie wiederholen müssen, im kommenden Schuljahr wird er wieder ein Jahr älter sein, aber seine Aussichten auf einen positiven Abschluss der ersten Klasse werden nicht besser sein.

Ceylon kommt aus der AHS zurück, jetzt ist er zwei Jahre zu alt und frustriert

Ceylons Vater ist ehrgeizig, nach der Volksschule will er seinen Sohn unbedingt ins Gymnasium schicken. Ohne ausgestellte AHS-Reife aus der Volksschule muss Ceylon einen Aufnahmetest machen. Den Test schafft er und erhält auch einen Platz in einer AHS. Dort stellt sich schnell heraus, dass es schwer für Ceylon werden würde, die Klasse zu schaffen. Nachhilfe und die Strenge des Vaters helfen dabei auch nicht. Ceylon beendet die erste Klasse mit mehreren „Nicht genügend".

Für die Wiederholung der ersten Klasse wird Ceylon uns zugewiesen, doch nun kommt der Frust der Misserfolge vom letzten Schuljahr richtig zum Vorschein. Ceylon fühlt sich älter, überlegener und stärker als die anderen Kinder in der Klasse. Als darauf auch in der Mittelschule schlechte Noten folgen, gibt der Vater der Schule die Schuld. Er ist oft bei uns in der Schule und erklärt mir, was welche Lehrperson falsch gemacht hätte, welche Qualitäten sein Sohn hätte und wie ungerecht unsere Schule wäre. Das ist ganz in Ceylons Sinn, nun wird er auch im Verhalten auffälliger, es wird schwieriger, ihn unter Kontrolle zu halten.

Am Ende des Schuljahres wird es immer deutlicher, dass es in dieser Konstellation nicht weitergehen kann. Der Vater bittet um einen Schulwechsel, was ich befürworte. Ceylon passt vom Alter her nicht noch einmal in eine erste Klasse, und irgendwie schaffen wir es, ihn zu ausreichenden Schulleistungen zu motivieren, um die positiven Noten rechtfertigen zu können. Ceylon wird in einer anderen Schule in die zweite Klasse gehen.

Zum dritten Mal in der ersten Klasse

Bekhan kommt, ohne ein Schuljahr zu verlieren, an unsere Schule. Er ist von Anfang an in seinem Verhalten problematisch. Seine alleinerziehende Mutter ist von Beginn an nicht unterstützend. Jedes Elterngespräch aufgrund eines Vorfalls mit Bekhan endet in Diskussionen, wie unschuldig ihr Kind sei und wie gemein alle anderen zu ihrem Sohn wären. Bekhan zeigt auch keinerlei Interesse am Unterricht, wenn er nicht stört, ist er geistig abwesend. Letztlich muss Bekhan die erste Klasse wiederholen.

Schnell fühlt er sich beim Wiederholen der Klasse den Neueinsteigern überlegen, er zeigt noch weniger Interesse am Unterricht. Befreundet mit anderen, ebenfalls nicht am Lernen interessierten Kindern, stört er den Unterricht und provoziert die Lehrpersonen.

Bekhans Mutter erkennt weiterhin nicht, dass ihr Sohn einen wesentlichen Anteil an der Situation hat. So verbessern sich seine Noten nicht, wovon er völlig unbeeindruckt ist. Zu seinen Prüfungen am Ende des Schuljahres tritt er nicht an. Bekhan wird die erste Klasse noch ein drittes Mal machen.

Valton ist mit der Schulpflicht fertig, die dritte Klasse schafft er nicht

Valton geht in die erste Klasse, als wir seine Eltern vorladen, weil seine Schulleistungen nicht entsprechen. Ich kenne die Eltern gut, bereits beide älteren Schwestern waren bei uns in der Schule, beide waren schwache Schülerinnen, letztlich haben sie die Schule aber abgeschlossen.

Vater und Mutter nehmen Platz, ich zeige ihnen Valtons Hefte, die ich vorbereitet habe, um zu belegen, wie katastrophal seine Arbeiten aussehen.

„Was sagen Sie dazu?“, frage ich die Mutter.

„Gar nichts“, ist die überraschende Antwort. Gerade möchte ich darauf reagieren, da setzt sie fort: „Gar nichts, weil ich kann nicht lesen und nicht schreiben.“

Ich versuche, mir meine Überraschung nicht anmerken zu lassen, wechsle das Thema und erzähle über Valtons Verhalten und seine fehlenden Leistungen in der Schule. Seine Eltern wollen unbedingt, dass er wie seine Schwestern die Schule schafft, er soll es einmal besser haben als sie selbst.

Wir bemühen uns sehr, ihn bis in die dritte Klasse mitzunehmen, aber dann tauchen viele negative Einflüsse in der Freizeit auf. Er interessiert sich schließlich gar nicht mehr für die Schule, und es wird auch immer schwieriger, ihn disziplinär zu führen. Er belästigt Mädchen und regelt seine Konflikte mit Mitschülern mit Gewalt. Valton wiederholt die dritte Klasse, schafft aber auch beim zweiten Mal keinen positiven Abschluss. Danach ist seine Schulpflicht beendet.

Valton beginnt mit einem negativen Zeugnis der dritten Klasse eine Lehrstelle. Manchmal treffe ich ihn dort, er ist zufrieden und bewährt sich in seiner Arbeit weit besser als in der Schule. Als ich ihn mit Freunden auf der Straße treffe und auf die Arbeit anspreche, wechselt er sofort verlegen das Thema. Gegenüber seinen Freunden scheint er sich für seine ordentliche Arbeit zu schämen.

Mehrstufenklassen in der Mittelschule als mögliche Lösung

Aktuell gibt es die sogenannten „Perspektivklassen" für Kinder mit wenig Aussichten. Allerdings ist eine der Voraussetzungen, um in eine dieser Klassen aufgenommen zu werden, die Beendigung der Schulpflicht. Man muss also bereits sein 9. persönliches Schuljahr absolviert haben und ein freiwilliges 10. Schuljahr beantragen, um einen Platz in einer dieser Perspektivklassen zu bekommen.

Das trägt nicht zur Entspannung in der Mittelschule bei. Problematisch sind hier Kinder im 7., 8. oder 9. persönlichen Schuljahr, die überaltrig, aber noch schulpflichtig sind und ohne Chance auf einen Pflichtschulabschluss in der Regelschule eine 1., 2. oder 3. Klasse besuchen. Viele dieser überaltrigen Jugendlichen belasten durch ihr problematisches Verhalten und ihre Störungen das Schulsystem enorm. Für diese Kinder braucht es eine Lösung außerhalb der Regelklassen.

Dazu gibt es drei Ansätze: Zum einen könnte man altershomogene Jahrgangsklassen einrichten, also zum Beispiel alle Kinder im 7. persönlichen Schuljahr, die in eine 1. Klasse gehören, zusammenfassen. Sinnvoller finde ich den zweiten Ansatz, nämlich die Einrichtung von Mehrstufenklassen in der Mittelschule: Hier werden alle Kinder, die mehr als ein Jahr überaltrig sind und in den Regelklassen unangenehm auffallen, zusammengefasst. Konkret sind das Klassen mit Schülerinnen und Schülern im 7., 8. oder 9. persönlichen Schuljahr, also zwei oder mehr Jahre überaltrig, die hier auf ihrer jeweiligen Schulstufe (also der 5., 6., 7. oder 8. Schulstufe) unterrichtet werden. Schaffen sie die jeweilige Schulstufe, so dürfen sie bis zu ihrem Abschluss im Klassenverband bleiben. Schaffen sie es nicht, so scheiden sie nach Ende der Schulpflicht ohne Abschluss aus. Für die dritte Variante könnten wir von unseren Nachbarn aus Berlin lernen: Um Überaltrigkeit zu verhindern, ermöglicht das System im Zeugnis ein „Aus pädagogischen Gründen versetzt". Das bedeutet, ein Kind bekommt ein negatives Zeugnis. Aufgrund seiner Überaltrigkeit und der fehlenden Perspektive, die Klasse beim nächsten Mal zu schaffen, sowie zum Schutz des nachfolgenden Jahrgangs, verbleibt das Kind im Klassenverband und steigt in die nächste Klasse auf.

Ich halte solche Mehrstufenklassen für überaltrige, aber noch schulpflichtige Kinder für einen sehr guten Ansatz. Gemeint sind hier nicht die überaltrigen Kinder, die unauffällig und lernwillig in Regelklassen sitzen. Es geht um verhaltensauffällige Kinder und um solche, die Schule grundsätzlich verweigern oder ablehnen und sich entsprechend verhalten. Für diese braucht es eine Lösung, um den lernwilligen Kindern das Recht auf einen angstfreien Lernraum zu garantieren.

Das wäre eine gute Ergänzung zu den derzeit existierenden Perspektivklassen für Kinder ohne Perspektive im zehnten Schuljahr. Diese sind ein wichtiges Projekt, sie lösen aber nicht das Problem der überlasteten Mittelschulen durch überaltrige auffällige Schülerinnen und Schüler.

Überdenkenswert erscheint mir auch die derzeitige Gesetzeslage, nach der jedes eingereichte Ansuchen um ein freiwilliges 10. Schuljahr bewilligt werden muss. Die Entscheidung, ob ein zusätzliches Schuljahr (mitunter ohne reale Chance auf einen Schulabschluss) sinnvoll ist und daher bewilligt wird, sollte in der Kompetenz der Schulbehörde liegen. Eigentlich ist man nach neun absolvierten Schuljahren nicht mehr schulpflichtig, egal, ob man einen Abschluss erreicht hat oder nicht. Zumindest in der Regelschule ist ein Verbleib für ein weiteres Schuljahr ohne Perspektive auf einen Schulabschluss in der aktuellen Situation fragwürdig.

Es ist jedenfalls dringend nötig, die Regelklassen zu entlasten. Daher muss das Ziel immer sein, dem großen Teil der „ordentlichen" und an Bildung interessierten Kinder jene Schulumgebung zu bieten, die ihnen zusteht.

Das Handy, soziale Medien und andere Veränderungen

Warum ich ein Handyverbot in der Schule für richtig halte

Seit Schülerinnen und Schüler eigene Mobiltelefone besitzen, wird über ein Handyverbot bzw. eine eingeschränkte Nutzung in der Schule nachgedacht. Mit jedem neuen technischen Feature dieser Geräte verschärft sich die Diskussion.

Inzwischen sind Handys keine Telefone mit Zusatzfunktion mehr, sondern Hochleistungscomputer mit Kamera, Aufnahmegerät, Internet und vielem mehr.

Leider kann man nicht davon ausgehen, dass Schülerinnen und Schüler sich grundsätzlich an Schulregeln halten, sondern muss dies kontrollieren und überprüfen. Gerade was das Fotografieren und Filmen, das illegale Mitschneiden von Gesprächen und vor allem die anschließende ebenfalls illegale Veröffentlichung in Social-Media-Kanälen oder über

Messengerdienste betrifft, bewegen wir uns auf sehr heiklem Boden.

Überall dort, wo das Handy sinnvoll und legal genutzt wird, kann man von der Kontrolle der Regeln und Sanktionierung bei Missachtung großzügig absehen. Was aber macht man im Anlassfall, im Konfliktfall? Ohne klare Regeln gibt es dann wenige Möglichkeiten.

Daher halte ich eine klare Hausordnung, die vorsieht, dass das Handy ohne konkrete Erlaubnis zur Nutzung abgedreht und weggeräumt sein muss, für dringend notwendig.

Zusätzlich sprechen auch pädagogische Gründe für ein Handyverbot bzw. nur temporäre Nutzungserlaubnis, sei es aus privaten Gründen oder für den Unterricht: Konzentration auf den Unterricht, Kommunikation mit den Mitschülerinnen und Mitschülern in der Pause, statt am Handy zu spielen oder zu surfen, und vieles mehr.

Zum Abschluss: Auf TikTok, YouTube und ähnlichen Kanälen werden leider viel zu oft für Kinder völlig ungeeignete Inhalte angesehen, zumindest die Schule sollte daher ein von diesen Kanälen freier Raum sein. Ausnahme: gemeinsam, angeleitet und kontrolliert von einer Lehrperson. Das kann nur mit einem Handyverbot abgesichert werden.

Das Handy im Tresor

Gleich zu Beginn meiner Karriere als Schulleiter gab es in einer schwierigen Klasse ein Mädchen, das sich nicht in die Klassen- und Schulgemeinschaft einordnen wollte und fast nicht mehr führbar war. Sabine war unglaublich frech und unbeherrscht. Ihre Mutter war sehr kooperativ, aber chancenlos. An einem Freitagvormittag stört Sabine den Unterricht dermaßen, dass sie die Klasse kurzzeitig verlassen muss.

Sie sitzt daher bei mir in der Direktion, die Mutter wird verständigt, dass sie ihre Tochter abholen muss und ein Gespräch dringend nötig ist. Die Mutter zeigt Verständnis und weiß auch, dass das Verhalten ihrer Tochter inakzeptabel ist.

Leider ist Sabine jedoch uneinsichtig, sie schreit herum, lacht uns aus, wirkt eher unberührt. Ich schlage der Mutter ein Handyverbot für das Wochenende vor. Sabine lacht, die Mutter erklärt, dass sie die Idee gut findet, ihr aber der Mut fehle, diese Sanktion konsequent umzusetzen. Da ich ein hilfsbereiter Mensch bin, biete ich an, das Handy übers Wochenende im Schultresor zu verwahren. Die Mutter stimmt dankbar zu, Sabine reagiert hysterisch. Die Mutter überreicht mir das Telefon, ich sperre es im Tresor ein und erkläre das Gespräch für beendet.

Die Mutter bedankt sich und verlässt die Direktion, Sabine ist sprachlos. Ich wende mich wieder meiner Arbeit zu, irgendwann erkennt Sabine, dass sie nichts mehr erreichen kann, und verlässt ebenfalls die Schule. Montag früh kommt sie in die Direktion, bittet höflich um ihr Handy und bekommt es auch mit dem Hinweis, dass ich die Mutter gerne wieder unterstütze.

Es gab nie wieder Probleme mit Sabine. Von der Mutter, die ich auch später immer wieder an ihrem Arbeitsplatz getroffen habe, erfahre ich, dass sie erfolgreich eine Lehre als Bürokauffrau absolviert hat.

Sina wird auf Facebook beleidigt und reagiert

Unsere Schule besteht aus zwei Trakten. Im zweiten Stock gibt es keine Verbindung, um also im zweiten Stock von einem zum anderen Trakt zu gelangen, muss man den Verbindungstrakt im 1. Stock benutzen.

Sina geht in eine dritte Klasse im 2. Stock. Den Unterricht findet sie nicht sehr spannend, also spielt sie mit ihrem Handy. Plötzlich springt sie auf, läuft aus der Klasse, die Stufen hinunter, den Gang entlang in den anderen Trakt, wieder die Stufen hinauf und ohne zu klopfen in eine andere Klasse.

Dort sitzt Jenny, Sina rast auf sie zu und schlägt sie mit aller Kraft ins Gesicht. Alles geht so schnell und überraschend, dass niemand reagieren kann. Schließlich landen Sina und Jenny bei mir in der Direktion.

Die Geschichte löst sich folgendermaßen auf: Jenny ist in der Klasse ebenfalls langweilig und postet auf Facebook Beleidigungen und intime Informationen über Sina. Ihr ist gar nicht bewusst, was dieses Posting auslöst und dass das alle lesen können. Sina liest das Posting und reagiert verständlicherweise wütend. Trotzdem hat Gewalt in der Schule nichts verloren und muss sanktioniert werden.

Wäre dieser Mobbingakt nicht in der Schule geschehen, wäre es nicht Aufgabe der Schule gewesen zu reagieren. Selbstverständlich versuchen wir, bei solchen Konflikten zu unterstützen, auch wenn sie außerhalb des Schulgebäudes vorkommen, obwohl sie genau genommen nicht mehr in unseren Zuständigkeitsbereich fallen.

Es gäbe noch viele ähnliche Vorkommnisse zu berichten, aber diese Geschichte war der letzte Auslöser für ein absolutes Handyverbot in unserer Schule, welches bis heute gilt. Natürlich wird das Handy immer wieder ohne Erlaubnis benutzt, aber seitdem das Verbot in der Hausordnung verankert ist, handelt es sich dabei um einen eindeutigen Regelverstoß.

Es gibt einen Fake-Account von Rahima auf Instagram

Rahima und ihre Freundinnen suchen gerne Streit. Diesmal ist es ein Konflikt mit einer anderen Mädchengruppe. Diese Mädchen gehen zum Teil in eine andere Mittelschule, zum Teil in ein nahegelegenes Gymnasium.

Fatma ist die Anführerin der anderen Gruppe, Rahima und Fatma kennen sich aus der Volksschule. Es lässt sich nicht feststellen, wer den Streit begonnen hat, und auch nicht, warum die beiden Gruppen streiten, aber der Konflikt eskaliert immer mehr. Fatma erstellt einen Fake-Account mit Rahimas Namen auf Instagram, bearbeitet ein Foto von Rahima mit Photoshop, sodass es schließlich so aussieht, als hätte sie einen Penis im Mund. Dieses Foto benutzt sie nun als Profilbild für diesen Fake-Account. Der Streit eskaliert weiter.

Nachdem Rahima in der Nähe meiner Schule von Fatma und ihren Freundinnen bedroht wird, rufe ich den Schulleiter der AHS von Fatma an, um den Fall zu besprechen. Dann taucht Fatma wieder mit Freundinnen vor meiner Schule auf, um sich für das „Auffliegen"-Lassen an Rahima zu rächen. Rahima flüchtet zurück zu mir in die Schule. Ich rufe die Mutter an und lasse Rahima abholen.

Der Konflikt setzt sich fort, weitere Gespräche von Schulleiter zu Schulleiter und mit den jeweiligen Mädchen folgen. Eigentlich sind wir nicht zuständig, aber wir versuchen trotzdem zu deeskalieren. Die Mädchen zeigen sich gegenseitig bei der Polizei an, was aber ohne Folgen bleibt, da alle Mädchen unter 14 Jahre alt sind.

Unser Handyverbot hat viele Ausnahmen: Die Regel bei uns in der Schule ist denkbar einfach, in der Hausordnung steht: „Das Handy hat während der Schule abgedreht im Spind zu sein!“

Die Handhabung ist deutlich weniger streng: Ohne Anlass kontrollieren wir keine Taschen und nehmen wir keine Handys ab. Wird ein Handy ohne Erlaubnis benutzt, so ist es abzugeben und wird in der Direktion bis zum Ende des Unterrichtstages verwahrt. Dann kann es vom Schüler oder der Schülerin abgeholt werden. Wiederholt sich das sehr oft oder besteht der Verdacht unerlaubter Inhalte, so müssen die Eltern das Handy abholen. Nach unerlaubten Inhalten, wie zum Beispiel in der Schule gemachten Fotos oder Videos, Chats oder Postings während der Schulzeit, wird gemeinsam mit den Eltern gesucht. Es gibt viele Begründungen, das Handy während der Schulzeit zu nutzen: Ein notwendiger Austausch mit den Eltern, die Erwartung eines wichtigen Rückrufes, Verwendung für den Unterricht. Das alles ist möglich, allerdings nur mit Genehmigung einer Lehrperson.

Ziel der Ordnung ist es, klare Richtlinien vorzugeben, die den Umgang mit dem Handy, aber auch mit Internet und sozialen Medien einschränken, um daraus das Lernen sinnvoller Nutzung nicht nur des „Was“ und „Wie“, sondern auch des „Wann“ und „Wo“ zu ermöglichen.

Zu hoher Anteil an Kindern mit Migrationshintergrund

Der Begriff „Person mit Migrationshintergrund“ wird als politisch korrekt betrachtet und deshalb sehr oft verwendet. Allerdings ist er manchmal irreführend, daher ist es wichtig, folgende von der Stadt Wien verwendete Definitionen zu wissen:

„Ausländische Staatsangehörigkeit bedeutet, diese Person hat eine ausländische Staatsangehörigkeit, ausländisches Geburtsland bedeutet, diese Person ist im Ausland geboren, ausländische Herkunft bedeutet, man ist nicht in Österreich geboren, dies ist unabhängig von der Staatsbürgerschaft. Migrationshintergrund bedeutet, dass beide Elternteile im Ausland geboren sind, wobei Angehörige der ersten Generation selbst im Ausland geboren wurden und Personen der zweiten Generation in Österreich zur Welt gekommen sind“ (Statistik Austria/UNECE).

Der Begriff Migrationshintergrund beschreibt also nicht den Grad der Deutschkenntnisse, der Integration und der Herkunft.

So hat vielleicht eine Person, die bereits perfekt Deutsch spricht, gut integriert ist, eine Ausbildung vorweisen kann und berufstätig ist, Migrationshintergrund. Andererseits haben wir vielleicht ein Kind, das bei der Einschulung in der dritten Generation in Österreich lebt, trotzdem entsprechend der Kultur seines Herkunftslandes aufwächst, nicht integriert ist und kein Wort Deutsch spricht. Allerdings gibt es meines Wissens keinen besseren, nicht belasteten Begriff in dieser Thematik.

„Weißt eh, der Österreicher!"

In meiner Zeit an der Polytechnischen Schule war ich unter anderem zuständig für alle Sportbewerbe.

Wir bereiten uns gerade auf das Fußballhallenturnier vor. Freitagnachmittags wird trainiert. Es ist nicht mehr viel Zeit, also müssen wir die Aufstellung besprechen.

Zwei meiner besten Spieler sitzen mit mir auf der Langbank, einer rechts und einer links von mir, während die anderen spielen. Gökhan und Serdat sind erfahrene und wichtige Spieler in ihren Vereinen, sie kennen sich gut aus. Wir versuchen gemeinsam, zwei gleichwertige Spielerblöcke zusammenzustellen und auch die Positionen zuzuteilen. Alles wird auf einem kleinen Zettel aufgeschrieben. Bei den meisten Entscheidungen sind wir uns schnell einig.

Als wir fast fertig sind, schlage ich noch Martin für die rechte Verteidigerposition im zweiten Block vor, eher eine pädagogische als eine leistungsorientierte Entscheidung. Gökhan sieht mich verdutzt an:

„Wer ist Martin?"

Ich überlege, wie ich ihn beschreiben soll, da wirft Serdat von der anderen Seite ein:

„Weißt eh, der Österreicher!"

Gökhan kennt sich sofort aus, wir haben nur einen österreichischen Spieler in unserer Trainingsgruppe. „Ja, das passt, in Verteidigung ist er eh gut."

„Ich hab keine Nummern, ich bin der einzige Österreicher“

Ein paar Jahre später haben wir wieder eine tolle Mannschaft, wir schaffen es ins Finale der Wiener Fußballmeisterschaft der Polytechnischen Schulen. Großen Anteil daran hat Zoran, er ist erst seit Kurzem in Österreich, hat in Serbien bereits leistungsorientiert Fußball gespielt. Nun spielt er bei Vienna und ist unser bester Offensivspieler.

Der Treffpunkt für das Finale ist direkt beim Fußballplatz, aber Zoran ist nicht da. Ich möchte unbedingt, dass unsere Mannschaft gewinnt, immerhin geht es um sehr viel: Denn wer von den Polysportlehrern kann in den nächsten Wochen mit dem Sieg in diesem Bewerb prahlen? Ich habe keine Kontaktdaten der Schüler mit, also bitte ich meinen Kapitän, Zoran anzurufen.

„Es tut mir leid, Herr Fachlehrer, ich habe nur die Nummern von den Türken.“

Also versuche ich es bei Ahmad. Seine Antwort ist ähnlich:

„Nein, ich habe nur die Nummern von den Arabern.“

Ich bekomme die gleiche Antwort von einem polnischen und von einem albanischen Spieler. Schließlich frage ich noch Christian, seine Antwort lautet:

„Ich habe keine Nummern, ich bin der einzige Österreicher.“

Letztlich ist Zoran nicht beim Turnier dabei. Da er der einzige Serbe in der Mannschaft ist, hat niemand seine Nummer. Wir verlieren das Finale.

Fast alle Spieler sind aus der gleichen Klasse, es ist eine gute Klassengemeinschaft, aber sobald sie die Schule verlassen, ist jeder in seiner eigenen Community. In diesem Fall ist alles friedlich, aber sie wachsen nicht zusammen, und es entsteht keine Gemeinschaft. Jeder lebt in seiner Bubble, die Illusion von der gemeinsamen bunten Gesellschaft bleibt in diesem Fall ein Wunschtraum.

„Sind Sie eine von uns, oder sind Sie Schwabo?"

Ein neues Schuljahr beginnt, nicht nur die ersten Klassen, auch die Fachmittelschulklasse hat einen Neubeginn. Die Klassenlehrerin ist Österreicherin mit eher südlichem Aussehen. Bei den Erklärungen, wie sie sich das Schuljahr vorstellt, was sie sich von den Schülerinnen und Schülern erwartet, kommen naturgemäß Fragen. Plötzlich eine sehr persönliche Frage:

„Frau Lehrerin, sind Sie eine von uns, oder sind Sie auch Schwabo?"

Schwabo ist unter Jugendlichen mit Migrationshintergrund eine herabwürdigende Bezeichnung für autochthone Österreicherinnen und Österreicher. Historisch leitet sich der Begriff von den Donauschwaben her, die im 18. Jahrhundert an die Militärgrenze am Balkan geschickt wurden.

Die Lehrerin empfindet die Frage als übergriffig und beleidigend, sie berichtet mir den Vorfall, als sie wieder im Lehrerzimmer ist. Es gibt keine Konsequenzen, diese kleine Geschichte zeigt aber viel über die Einstellung vieler Jugendlicher mit Migrationshintergrund. Sie leben seit vielen Jahren in Österreich, sind aber immer noch nicht angekommen. Viele lehnen Österreich und die Österreicher ab, manche träumen davon, irgendwann in ihr geliebtes Heimatland zurückzukehren. Ihre Haltung ist zum Teil geprägt von Nationalismus.

Wir veranstalten wieder ein Tanzprojekt, aber diesmal ist etwas anders

Es gibt eine Organisation, welche Tanzprojekte für Schulen anbietet. Bei diesem Projekt hat jede Gruppe eine Woche lang eine Stunde pro Tag einen Tanzworkshop. Dann gibt es eine Abschlussveranstaltung, an der alle Kinder, die möchten, mitmachen können. Meistens bildet ein Jahrgang eine Gruppe, jede Gruppe lernt neben verschiedenen „Moves" einen Tanz für den Abschluss.

Insgesamt haben wir diesen Tanzworkshop in den letzten zehn Jahren dreimal gebucht, die Entwicklung macht nachdenklich:

Beim ersten Mal haben fast alle Kinder mit Freude mitgemacht, etwa die Hälfte der Kinder wollte dann doch nicht auf der Bühne stehen, war aber trotzdem mit Begeisterung beim Abschlussfest dabei.

Ein paar Jahre später fand der Workshop wieder statt, deutlich weniger Kinder machten mit. Die Vorführung fand im Rahmen eines Straßenfestes und daher am Samstag statt. Es war schwer, genügend Kinder zur Teilnahme zu motivieren, viele Kinder blieben zu Hause und nahmen auch nicht passiv an der Schlussveranstaltung teil.

Auch im abgelaufenen Schuljahr buchten wir diesen Workshop. Wegen des schlechten Wetters fanden die Workshop-Stunden im Turnsaal statt. Am ersten Tag werde ich fast jede Stunde in den Turnsaal geholt, weil sich beinahe alle Kinder weigern, mitzutanzen. Sehr streng fordere ich jedes Kind, das nicht tanzen will, auf, zurück in die Klasse zu gehen. Die verbleibenden Kinder tanzen die ganze Woche mit Begeisterung.

Am schwierigsten ist es in den vierten Klassen: Unter den strengen Blicken einiger Burschen und Mädchen traut sich kein einziges Kind, auch nur einen Finger zu bewegen. Es ist aber auch nicht möglich, mit einer allgemeinen Aufforderung die Nichttänzerinnen und Nichttänzer in die Klasse zu schicken. Ich muss jedes Kind extra auffordern, entweder zu bleiben, um zu tanzen, oder den Turnsaal zu verlassen.

Sobald sich die Verweigerinnen und Verweigerer nicht mehr im Turnsaal befinden, tanzen die Verbleibenden plötzlich begeistert und erleichtert mit.

Dasselbe Szenario ist bei der Abschlussveranstaltung zu beobachten. Mit scharfen Blicken von einigen Schülerinnen und Schülern beobachtet, wagt es nur eine Handvoll Kinder in jedem Jahrgang, mitzutanzen.

„Hier brauche ich kein Deutsch" und „Wo hast du dein Zeugnis her?"

Selyas Mutter ist engagiert, anderen zu helfen, ihre Muttersprache ist Arabisch. Wenn wir nach der Elternvereinssitzung noch gemütlich zusammensitzen, erzählt sie von ihren Erlebnissen:

Selya sitzt mit einer Bekannten in einem Kaffeehaus in Favoriten, die beiden unterhalten sich auf Arabisch. Selya soll auch für ihre Gesprächspartnerin Kaffee bestellen, weil diese nicht ausreichend Deutsch kann. Selya ist überrascht:

„Du bist doch schon lange hier, warum sprichst du kein Deutsch?"

Die Antwort ist entwaffnend:

„Hier brauche ich kein Deutsch. Es gibt alles auf Arabisch. In dieses Kaffeehaus bin ich nur wegen dir gegangen, normalerweise gehe ich in arabische Cafés."

Irgendwann beschließt Selya, sich als Lehrerin zu bewerben. Als sie, gemeinsam mit anderen auf das Bewerbungsgespräch wartend, in einem Raum sitzt, hört sie bei den auf Arabisch geführten Gesprächen den anderen Bewerberinnen zu. Manche erzählen offen, wie sie ohne Ausbildung zu ihren Zeugnissen in ihrer Heimat gekommen sind. Selya hat kein solches Zeugnis, sie bekommt keine Anstellung, die anderen Bewerberinnen sind erfolgreicher.

„Wenn Sie Ihr Kind bei mir anmelden, habe ich ein österreichisches Kind“

Eine Bekannte möchte ihre Tochter in einer öffentlichen Volksschule im 23. Bezirk einschulen. Sie ruft in der Direktion an und fragt, wie viele österreichische Kinder es in der Schule gibt. Nach der Antwort „Wenn Sie Ihre Tochter bei mir anmelden, habe ich eines“ wird es doch eine Privatschule. Inzwischen ist die Tochter mit der Volksschule fertig und geht ins Gymnasium.

Die Gesellschaft verändert sich

Wer sammelt heute noch Fußballpickerln

Schon als Kind habe ich so wie viele meiner Freunde Stickerhefte gesammelt. Höhepunkt des Sammelns waren natürlich die Fußballalben zu den Großveranstaltungen wie Weltmeisterschaft oder Europameisterschaft. Mit der Geburt meines Enkels habe ich das wiederentdeckt, und wir sammeln gemeinsam für jedes Großevent.

Daraus ergab sich, dass ich auch in der Schule zu tauschen begann. Oft waren am Nachmittag zehn oder mehr Kinder bei mir in der Direktion, durchsuchten meine doppelten Sticker nach fehlenden und boten mir ihre doppelten an. Natürlich nutzten sie die Zeit auch, um mit ihren Freunden zu tauschen.

Bei dieser Tauschbörse kam man sich näher, konnte ganz anders miteinander reden, es entstand eine Beziehung. Ein wichtiger Satz in der Pädagogik lautet: „Schule funktioniert über Beziehung". Gleichzeitig war so manche Lehrperson durchaus dankbar, dass der eine oder andere bei mir statt in der Klasse war, da Fußballer oft als nicht die Allerbravsten galten.

Eine meiner eifrigsten Unterstützerinnen bei der Organisation der Tauschbörse war Larissa, ein Mädchen aus einer Integrationsklasse, der das Lernen sehr schwerfiel. Larissa tauschte die Sticker für ihren Vater, der sie um Hilfe beim Sammeln gebeten hatte. Ich habe aber den Verdacht, dass sie ihn zum Sammeln überredet hat, damit sie bei der Tauschbörse dabei sein kann, denn Larissa war gerne bei mir in der Direktion. Manchmal war es für die Lehrpersonen in der Klasse auch schwer, für Larissa eine Beschäftigung zu finden, der sie gewachsen war. So ergab es sich, dass sie für mich immer wieder meine Doppelten nach Ländern, Nummern oder welchen Kriterien auch immer sortierte. Das machte ihr Spaß, und sie lernte die Namen, die Nationen, ihre Dressen und Flaggen sowie nach Zahlen zu sortieren.

Larissa war vier Jahre bei uns in einer Integrationsklasse, sie wurde immer mit dem Fahrtendienst gebracht und geholt. Manchmal war es nicht leicht mit ihr, aber sie war ein Teil der Klasse, ein Teil der Schule, und irgendwie mochten wir sie alle. Wenn ich Larissa und ihre Mutter auf der Straße oder in einem Einkaufszentrum treffe, redet sie von der schönsten Zeit ihres Lebens, und ihre Mutter bestätigt das.

Leider wird das gemeinsame Sammeln von Fußballpickerln immer seltener. Aktuell sammle ich mit meinem Enkel, in der Schule finde ich keine Tauschpartner mehr.

Woran liegt das? Ich habe dazu keine wissenschaftlichen Untersuchungen. Natürlich ist dieses Pickerlsammeln kein billiges Hobby, aber das war früher auch kein Hindernis. Kann es daran liegen, dass Fußball nicht mehr den gleichen Stellenwert in der Jugend hat, zumindest in meiner Schule mit einem Migrationsanteil von ca. 90 %? Ich fürchte, ja: Ich beobachte auch, wie es immer weniger Vereinsfußballer in der Schule gibt. Die meisten Burschen an meiner Schule, die aktiv Sport betreiben, üben eine Kampfsportart aus, Mädchen sind in Sportvereinen die Ausnahme.

Unabhängig von den Ursachen, die man auch analysieren sollte, sowie den ideologischen Hintergründen einiger Kampfsportvereine, macht mir das Sorgen. Wie auch immer, einer meiner Grundsätze lautet: „Wer kämpfen lernt, möchte kämpfen" und „Wer sich wie ein Kämpfer kleidet, möchte kämpfen", daher ist Kampfkleidung (also auch Camouflagemuster) bei mir in der Schule verboten. Aus diesem Grund unterstütze ich auch keine Kampfsportvereine, und wenn mich Eltern um Rat fragen, empfehle ich eher Vereine, die Teamsportarten anbieten, wie Fußball, Basketball, aber auch Schwimmen und Ähnliches. Kinder in Kampfsportarten auszubilden, mit einer gewissen ideologischen Grundhaltung, ist meiner Meinung nach nicht immer harmlos.

Die Ideologie hinter vielen Kampfsportarten ist grundsätzlich eine friedfertige. Das tägliche Leben in der Schule und auch so mancher Medienbericht zeigen aber sehr deutlich, dass gerade viele gefährdete Jugendliche Kampfsport lernen, um sich auf die Straße vorzubereiten. Viele dieser Sportvereine sind auch nicht „bunt", sondern ethnisch und religiös eindeutig zuordenbar und fördern die Abgrenzung von den jeweils anderen. Von einem Beitrag zur Integration in die Mehrheitsgesellschaft kann man also hier nicht sprechen. Trotzdem werden viele von ihnen mit öffentlichen, für Integration gewidmeten Geldern gefördert.

2. INTEGRATION

Der Begriff „Integration“ wird vom lateinischen „integratio“ (Erneuerung) abgeleitet und bedeutet in der Soziologie die Ausbildung einer Wertgemeinsamkeit mit einem Einbezug von Gruppierungen, die zunächst andere Werthaltungen vertreten, oder einer Lebens- und Arbeitsgemeinschaft mit einem Einbezug von Menschen, die aus den verschiedensten Gründen von dieser Gemeinschaft ausgeschlossen (exkludiert) und teilweise in Sondergemeinschaften zusammengefasst waren. Integration hebt den Zustand der Exklusion und der Separation auf.

Im Bildungsbereich wird der Begriff unterschiedlich verwendet. Grob geht es um drei Bereiche:

In Integrationsklassen sollen Kinder mit besonderen Bedürfnissen, Lernschwierigkeiten oder körperlichen Einschränkungen in den Regelschulbereich integriert, also eingegliedert werden. Durch ein eigenes Benotungssystem können diese Kinder mit positiven Zeugnissen im Klassenverband bleiben und im Jahrgang aufsteigen, auch wenn sie die Bildungsziele nicht erreichen. Dafür wird zusätzliches Lehrpersonal bereitgestellt. Früher gab es auch einen Zahlenschlüssel, der dafür sorgte, dass in diesen Klassen weniger Kinder sind. Dieser wurde mit dem Bildungsreformgesetz 2017 aufgehoben.

Der zweite Bereich umfasst verhaltensauffällige Kinder, Kinder mit Autismusausprägungen oder Ähnlichem. Diese

Kinder bekommen reguläre Zeugnisse, können also nur aufsteigen, wenn sie das jeweilige Jahr positiv abschließen.

Der dritte Bereich umfasst Kinder mit fehlenden bzw. nicht ausreichenden Deutschkenntnissen. Dies ist grundsätzlich für neu in Österreich angekommene Kinder gedacht, umfasst aber viel zu oft auch in Österreich geborene, aber in Parallelgesellschaften aufgewachsene Kinder.

Integration von Kindern mit SPF (Sonderpädagogischem Förderbedarf)

Die Vergabe eines SPF ist grundsätzlich ein Bescheid, dass ein Kind Lernschwierigkeiten bzw. einen Entwicklungsrückstand hat und daher den vorgesehenen Lernstoff nicht ausreichend erfassen kann. Es gibt wegen der unterschiedlichen Kompetenzen keine Schnittstelle mit den Kindergärten, daher startet die Feststellung am Beginn der Volksschule. Die Ressourcen für zusätzliche Kosten für die Betreuung dieser Kinder sind mit 2,7 % gedeckelt. Daher ist man bestrebt, dass die Anzahl der zu vergebenden SPF-Bescheide diese Deckelung nicht überschreitet, unabhängig vom tatsächlichen Bedarf.

Es gibt also wesentlich mehr Kinder, die einen solchen Förderbescheid benötigen würden, als Bescheide ausgestellt werden. Eine Testung und daraus folgende Vergabe eines SPF in der Mittelstufe ist nicht mehr erwünscht und daher sehr selten. Selbst wenn die SPF-Bescheidung gelingt, ist es aufgrund des Mangels an geeigneten Plätzen sehr schwer, einen passenden Platz für ein Kind zu bekommen.

Bei der Bildungsreform 2017 wurde das eigene „Lehramt Sonderschule" abgeschafft und in die allgemeine Lehramtsausbildung integriert.

Yasmin kann keine Aufgaben lösen, aber sie ist gerne mit anderen Kindern zusammen

Yasmin ist sehr eingeschränkt in ihren geistigen Möglichkeiten, schulische Aufgaben in der Schule kann sie nicht lösen. Aber sie ist gerne unter anderen Kindern, und sie wird von den anderen gut aufgenommen. Wenn die anderen Kinder schulische Aufgaben zu lösen haben, malt Yasmin schöne Bilder oder lernt das kleine Einmaleins, auch wenn sie es nie wirklich beherrschen wird. In Gegenständen wie Sport, Werken, Zeichnen und Musik ist sie besonders glücklich, denn da kann sie mit den anderen mitmachen. Yasmin hat einige Freundinnen in der Klasse. Nach der Schule wechselt sie in eine andere Betreuungsform, selbstständig leben kann sie nicht.

Burak macht überall mit, aber es ist viel zu schwer

Burak hatte bereits in der Volksschule einen sonderpädagogischen Förderbedarf festgestellt bekommen, anders hätte er die Volksschule auch nicht geschafft. Er ist ein braves und gut in die Klassengemeinschaft integriertes Kind, reguläre Schularbeiten oder Tests könnte er nicht positiv schaffen, aber er macht überall mit. Manchmal erledigt er Abschreibarbeiten, während die anderen selbstständig zu lösende Arbeitsaufträge bekommen. Nach Abschluss seiner Schulpflicht beginnt Burak eine geförderte Lehre als Gärtner beim Stadtgartenamt.

Öckan kommt aus einer anderen Schule, er wiederholt die erste Klasse und schafft sie wieder nicht

Öckan geht bei uns in die erste Klasse. Er hat fünf Jahre für den Abschluss der Volksschule gebraucht, die erste Klasse Mittelschule hat er in einer anderen Schule nicht geschafft. Öckan ist sehr groß und kräftig, die Kinder in seiner Klasse haben Angst vor ihm. Öckan kann dem Unterricht nicht wirklich folgen, er versteht nicht, was man von ihm möchte. Immer wieder wird er gewalttätig, auch hier ist er sich seiner Verantwortung nicht bewusst.

Öckans Vater ist ein einfacher Mann, er ist berufstätig. Immer wieder müssen wir ihn anrufen und ihn bitten, Öckan von der Schule abzuholen. Schließlich schickt er seine Frau, Öckans Mutter, um den Sohn abzuholen. Sie kann allerdings gar kein Deutsch. Obwohl Öckan eigentlich schon zu alt ist für die Feststellung eines Sonderpädagogischen Förderbedarfs, können wir eine Testung erwirken. Das Ergebnis ist eindeutig, Öckan ist nicht in der Lage, dem Unterricht in einer Regelschule zu folgen. Der Bescheid folgt einige Wochen später, und schließlich wird für Öckan ein für ihn geeigneter Schulplatz gefunden.

Ohne SPF gibt es keine geförderte Lehrstelle

Martin braucht Unterstützung beim Lernen, er ist sehr bemüht, aber langsamer als die anderen Kinder. Martin wird in der ersten Klasse der Mittelschule getestet, das Ergebnis ist die Zuteilung eines Sonderpädagogischen Förderbedarfs. Im Laufe der Jahre kann in einigen Gegenständen der SPF aufgehoben werden. In der vierten Klasse ist es Martins Ziel und das seiner erziehungsberechtigten Großeltern, dass sein SPF insgesamt aufgehoben wird. Sie wünschen sich ein Zeugnis als Regelschüler.

Wir diskutieren und befürworten die Aufhebung. Doch dann stellt sich heraus, dass Martin damit keine Förderungen nach der Schule, wie zum Beispiel eine geförderte Lehrstelle mit verlängerter Lehrzeit, bekommen würde. Daher belassen wir es beim SPF im Abschlusszeugnis. Martin bekommt eine Lehrstelle als Tischler, für die dreijährige Lehre sind für ihn vier Jahre vorgesehen. Martin absolviert diese Lehre erfolgreich und arbeitet seither als Tischler in einem großen Möbelhaus.

Integration hat Grenzen

In einer Volksschule soll ein Kind in die Regelklasse aufgenommen werden, das unter anderem nicht stubenrein ist. Es trägt eine Windel, pünktlich in der zweiten Pause füllt sich diese Windel. Entsprechend entwickelt sich ein intensiver Geruch in der Klasse, für die anderen Kinder ist das unzumutbar. Einige Wochen wird überlegt, wer beziehungsweise ob jemand dafür zuständig ist, das Kind frisch zu wickeln. Es gibt kein Personal dafür, die Eltern bestehen aber auf das Recht auf Schule für ihr Kind. Der Ausgang dieses Falls ist mir nicht bekannt.

In einem anderen Fall wird ein Kind mit schwerem Autismus eingeschult, zumeist sitzt oder liegt es in der Klasse und gibt röhrende Laute von sich. Die anderen Kinder können sich nicht konzentrieren. Um die Situation zu erleichtern, geht die Integrationslehrperson mit diesem Kind in den Garten oder in einen anderen Raum. Es gibt noch fünf weitere Kinder in dieser Integrationsklasse, die deshalb auf die zusätzliche Betreuung verzichten müssen.

Integration von Kindern mit Verhaltensauffälligkeiten

Samuel überfordert uns alle und leidet selbst

Samuel kommt aus einer Förderklasse. Nach zwei Jahren ist die Rückführung in eine Regelklasse vorgesehen. Samuel hat keinen Sonderpädagogischen Förderbedarf, trotzdem kommt er in eine Integrationsklasse, weil hier immer zumindest zwei Lehrpersonen gleichzeitig in der Klasse sind. Samuel hat eine Form von Autismus, er hält Lärm und Durcheinander nicht aus. Für ihn muss alles in geregelten Bahnen laufen. Schlechte Voraussetzungen in einer Schule, in der immer viel los ist.

Die ersten Wochen gestalten sich schwierig, aber es gibt keine gröberen Vorfälle. Samuel ist schulisch besser als seine Klassenkameradinnen und -kameraden, manchmal langweilt er sich im Unterricht, seine Arbeiten am Computer und seine Präsentationen sind hervorragend. Schwierig wird es aber, wenn es Unruhe gibt. Sport, Werken sowie Zeichnen sind Herausforderungen für ihn. Wenn es ihm zu laut wird, brüllt er herum, immer wieder bedroht er sogar andere. Der Versuch der Reintegration in eine Regelklasse wird dennoch nicht aufgegeben.

Eines Tages kommt ein Kind zu mir:

„Herr Direktor, kommen Sie schnell. Samuel wirft mit Stühlen auf andere Kinder.“

Ich eile in die Klasse. Samuel hat einen Stuhl in der Hand, gerade möchte er ihn werfen. Einige andere Stühle liegen bereits quer in der Klasse herum. Ich nehme Samuel am Unterarm und fordere ihn sehr bestimmt auf, mit mir in die Direktion zu gehen. Samuel möchte nicht mitkommen, aber er traut sich auch nicht, sich zu widersetzen. So gehen wir in die Direktion, Samuel kommt widerstrebend mit.

Dort angekommen, sperre ich alle Türen von innen zu, biete ihm einen Sitzplatz an und rufe die Mutter an, sie möge ihn abholen.

„Wir bleiben jetzt beide in diesem Raum, bis deine Mama hier ist. Du kannst dich setzen. Wenn du möchtest, kannst du auch hier Stühle werfen."

Es ändert nichts an der Situation. In der Direktion ist es ruhig, nach kurzer Aufregung setzt Samuel sich auf den angebotenen Stuhl und wartet mit mir. Als die Mutter ankommt, reagiert sie dankbar. Samuel geht bereitwillig mit ihr nach Hause.

Wenige Tage später kommt es zu einer weiteren Eskalation. Samuel geht mit einer Schere auf Mitschüler los, weil sie für ihn zu wild sind. Eine der Lehrerinnen hält ihn fest, um Verletzungen der anderen Kinder zu verhindern. Später wird sich die Mutter beschweren, dass wir ihr Kind angegriffen haben, das hätten wir nicht dürfen. In ihrer Verzweiflung ist die Kooperation und Dankbarkeit verschwunden.

Nach mehreren Monaten wird Samuel auf einer entsprechenden Abteilung stationär aufgenommen. Die Eingliederung in das Regelschulwesen ist nicht gelungen, viele Kinder haben unter dem Versuch gelitten, die betroffene Lehrerin hat schließlich gekündigt.

„Immerhin schlägt er niemanden. Für mich ist das ein Fortschritt"

Kevin ist ein schwieriges Kind. Schon in der Volksschule gab es immer wieder Probleme. Entsprechend vorgewarnt, teilen wir ihn einer Klasse zu, in der Hoffnung, damit zurechtzukommen. Wie wir später erfahren, haben Eltern von seinen Mitschülerinnen und Mitschülern herausgefunden, in welche Schule Kevin kommt, und ihre Kinder deshalb an anderen Schulen angemeldet. Jene, die trotzdem uns zugeteilt wurden, bestanden auf Zuteilung in eine andere Klasse. Unabhängig davon waren Eltern und Behörden vom Recht Kevins überzeugt, eine Regelschule zu besuchen.

Von Beginn an kann sich Kevin nicht einordnen, er ist gewalttätig gegenüber den anderen in der Klasse, nimmt ihnen Sachen weg und zerstört sie. Es gibt viele Gespräche mit Kevins Eltern, sie suchen die Schuld zuerst bei den anderen Kindern. Die Schulbehörde besteht auf Kevins Recht auf Bildung in einer Regelschule.

Die Zeit vergeht, die Situation verändert sich jedoch nicht. Unsere Stimmung wechselt zwischen Verzweiflung und Resignation, unterbrochen von kurzen Phasen der Hoffnung. Irgendwie schaffe ich es, dass Kevin auf mich reagiert, also werde ich oft in die Klasse geholt, er verbringt viel Zeit bei mir in der Direktion.

Einer der Höhepunkte ist, als ich zu Hilfe geholt werde, weil Kevin am Fensterbrett steht und in die Tiefe springen möchte. Ich erkenne, dass wir keine Möglichkeit haben, dies zu verhindern, falls er wirklich springt. Daher weise ich trocken an, die Polizei und die Rettung anzurufen und sich ihm nicht zu nähern. Wir haben Glück, und er klettert vom Fensterbrett herunter.

Eines Tages lade ich die Mutter vor, weil Kevin Deckweiß

in der Klasse verteilt und alles angemalt hat. Unter anderem ist auch die Schultasche eines anderen Kindes kaputt. Verzweifelt sagt die Mutter zu mir:

„Ich weiß, für Sie klingt das nicht beruhigend, aber ich finde, es ist ein Fortschritt, dass er nur noch fremde Sachen kaputt macht und keine Kinder mehr schlägt."

Kevins Mutter hat recht, so habe ich es noch gar nicht betrachtet. Noch vor Kurzem hat er fast täglich ein anderes Kind geschlagen, es gibt also tatsächlich Fortschritte.

Irgendwann, in der zweiten Klasse, kommt Kevin schließlich doch in eine für ihn geeignete Klasse. Kinder und Lehrpersonen atmen auf, zumutbar war dieser Versuch, ein extrem verhaltensauffälliges Kind in eine Regelklasse zu integrieren, für niemanden.

Ali passt nicht in unser Schulsystem

Ali wird unserer Schule zugeteilt. In der Schule, aus der er kommt, hat er den Abschluss der zweiten Klasse nicht geschafft, also muss er wiederholen. Laut seinen Ausweisen ist er vierzehn, also zwei Jahre überaltrig. Später, im Laufe des Schuljahres, erzählt er seinen Freunden, dass er 17 ist.

Ali kommt selten, es gibt ständig Probleme. Diebstähle in der Klasse häufen sich. Bald ist klar, dass Ali der Täter ist, beweisen können wir es ihm nicht. Manchmal belästigt er Mädchen, nach Ermahnungen hört er damit wieder auf. Im Unterricht sitzt Ali auf seinem Platz und ist völlig abwesend, er hat keine Hefte, keine Bücher und kein Schreibmaterial. Alle Lehrpersonen sind froh, wenn er sich ruhig verhält, und lassen ihn im Gegenzug in Ruhe.

Ich telefoniere mit dem Direktor seiner Vorgängerschule. Er hätte Ali behalten, aber der Wunsch nach einem Schulwechsel kam von Ali selbst, da er in der Schule zusehends isoliert und ein Aufstieg in die nächste (dritte) Klasse unmöglich gewesen war.

Manchmal ist ein Konflikt mit Ali nicht vermeidbar, seine Reaktion darauf ist einfach: Er beendet seinen Schultag und verlässt unerlaubt das Gebäude. Sehr oft erscheint er gar nicht in der Schule. Wir rufen dann immer die Eltern an und informieren sie darüber. Schließlich gibt es ein langes Gespräch mit den Eltern. Die Mutter, eine gepflegte Frau, die sehr gut Deutsch spricht, ist verzweifelt. Auch sie hat keine Lösung.

Um zu verhindern, dass Ali schwänzt, bringt daraufhin entweder der Vater oder die Mutter ihn täglich zur Schule, aber spätestens um 11:00 ist er wieder weg. Manchmal kommt er später wieder, schließlich wird er von den Eltern abgeholt. Verhält er sich auffällig und stört andere oder den Unterricht, schicken wir ihn mit Einverständnis der Mutter wieder nach Hause.

Im kommenden Schuljahr wird Ali 18. Wenn er sich seine Ausweise korrigieren lässt, kann er den Führerschein machen. Vielleicht lernt er dafür mehr. In die Pflichtschule passt Ali jedenfalls nicht, und ein positiver Abschluss wird ihm nicht gelingen. Die gesetzlich vorgeschriebene Ausbildungspflicht bis 18 wird daran auch nichts ändern.

Ali wird im kommenden Schuljahr wieder die zweite Klasse (nicht) besuchen, und das wird sein 9. Schuljahr sein. Wegen seiner wahrscheinlich falschen Dokumente ist er offiziell noch schulpflichtig. Nach dem kommenden Schuljahr ist seine Schulkarriere auch beendet. Dann ist Ali in Österreich 15, tatsächlich aber 18 Jahre alt.

Integration von Kindern aus anderen Ländern & anderen Kulturkreisen

Dragan braucht kein Deutsch

Aus meiner Zeit als Lehrer an der Polytechnischen Schule:

Dragan kommt ganz neu aus Serbien an die Schule. Er ist ein höchst talentierter Fußballspieler, und er möchte auch Fußballprofi werden. Leider hat Dragan gar kein Interesse daran, Deutsch zu lernen, daher versuche ich ihn mit Fußball dazu zu motivieren:

„Dragan, es ist so wichtig, dass du Deutsch lernst. Wie willst du sonst den Trainer verstehen und deine Mitspieler?"

Die Antwort ist eindeutig:

„In meinem Verein brauche ich kein Deutsch. Der Trainer ist Serbe, die meisten Spieler auch. Wer nicht Serbisch kann, hat ein Problem."

Ok, das hat mal nicht geklappt, dann wird es mit einer Lehrstelle wahrscheinlich auch schwierig. So wurde Dragan der erste und letzte Schüler von mir, der von einer Fußballprofikarriere träumt und dem ich nicht rate, gleichzeitig eine Berufsausbildung zu machen, weil man nicht wissen kann, ob es klappt.

Gegen Ende des Schuljahres hat sich eine Fußballakademie gemeldet. Sie wollen Dragan gerne aufnehmen, benötigen dafür aber ein positives Zeugnis. Ich weise darauf hin, dass dies nicht seinen Schulleistungen entspricht. Der zuständige Herr versteht das, erklärt mir aber die Aufnahmebedingungen und bittet mich nochmals. Aufgrund der insgesamt guten Leistungen konnten wir ihm schließlich trotz der unzureichenden Deutschkenntnisse einen positiven Abschluss geben, und er wurde aufgenommen. Ob er es tatsächlich geschafft hat, Fußballprofi zu werden, habe ich nie erfahren.

Die Deutschförderklasse, die es noch gar nicht gibt

Bereits in meiner Zeit als Lehrer an der Polytechnischen Schule wollte ich meine damalige Direktorin zu einer eigenen Klasse überreden, in der alle Kinder mit unzureichenden Deutschkenntnissen zusammengefasst werden.

„Wir haben in jeder Klasse ein bis zwei Kinder, die kein Wort Deutsch verstehen und unbeteiligt in der Klasse sitzen", wandte ich mich an sie. „Warum fassen wir diese Gruppe nicht in einer Klasse zusammen und halten einen Intensivkurs in Deutsch ab? Bei 16 Klassen macht das fast 30 Kinder aus, das wäre genau eine Klassengröße."

Ihre Antwort lautete:

„Eigentlich eine gute Idee, das nennt sich bunte Klasse. Aber du bist verrückt, das ist politisch unmöglich, das ist Segregation."

Auch als Schulleiter erlebte ich immer wieder, wie Neuankommende in Österreich bei uns in der Schule in der Klasse saßen, mit Arbeitsblättern versorgt wurden und sich weitgehend unbeachtet still beschäftigten. Im besten Fall widmeten sie sich ihren Aufträgen, ohne wirklich etwas davon zu verstehen. Meist beschäftigten sie sich still mit anderen Dingen oder dösten vor sich hin. Manche hatten Glück, und es saß jemand in der gleichen oder in der Nachbarklasse, der die gleiche Sprache sprach. Dann konnten sie sich wenigstens in der Pause unterhalten. Deutsch lernten in diesem Setting die wenigsten.

In der Zeit der Flüchtlingswelle 2015 und 2016 hatte ich viele Schulplätze frei und bekam einige neue Schüler. Zum

Großteil waren es unbegleitete minderjährige Afghanen, aber auch ein paar Syrer, zum Teil ebenfalls allein, zum Teil mit der Familie. Da es in einer Klasse viele freie Plätze gab, teilten wir diese Kinder dieser Klasse zu.

Schnell ergab sich jedoch die Notwendigkeit einer Zweiteilung dieser Klasse. Jene, die dringend Deutsch lernen mussten, gingen gemeinsam in einen Kurs. Ich fasste alle dafür verfügbaren Stunden zusammen, letztlich waren diese Kinder fast die ganze Woche in einer Deutschintensivgruppe, während die anderen Regelunterricht laut Stundenplan hatten. Viele Plätze in der Klasse blieben leer, da diese den Kindern zustanden, die den Deutschkurs besuchten. Somit führten wir diese Gruppe als eigene Klasse, mit dem Vorteil, dass diese Kinder ihre Zeit nicht vergeudeten, weil sie aufgrund der fehlenden Deutschkenntnisse dem Unterricht ohnehin nicht folgen hätten können, und andererseits lernten sie im Intensivkurs sehr schnell die Grundkenntnisse, um sich zumindest verständigen zu können.

Das Projekt funktionierte besonders bei jenen gut, die an Schule, Deutschlernen und Integration interessiert waren. Manche konnten sehr schnell und unkompliziert in die Regelklasse wechseln und dort dem Unterricht folgen. Andere verblieben leider lange in diesem Kurs, ohne große Fortschritte zu machen. Ich wage zu behaupten, diese hätten auch in der Klasse keine Fortschritte gemacht. Immer öfter mussten wir sogar diese Deutschgruppe in einigen Stunden teilen, denn manche Kinder waren noch nie zuvor in einer Schule und mussten zuerst einmal lesen und schreiben lernen.

Später sollte diese Form der Organisation „Deutschförderklasse“, die Spezialgruppe „Alphabetisierungskurs“ genannt und in Gesetze geformt werden.

Wer ist jetzt das Sprachvorbild in der Klasse?

Viele junge Menschen in einer Höheren Schule nützen aktuell die Möglichkeit, ein Schuljahr im Ausland zu verbringen. Neben vielen anderen positiven Aspekten hat das vor allem einen großen Vorteil: Da man sich bei einem Schulaufenthalt im Ausland genauso lange ausschließlich in der dort gesprochenen Sprache unterhalten kann, lernt man diese Sprache nahezu perfekt. Das wäre auch das Konzept für den Erwerb der deutschen Sprache in einer österreichischen Regelklasse. Aber dazu bräuchte man genügend Sprachvorbilder, die Deutsch als Muttersprache haben. Die Realität sieht jedoch meist anders aus:

Erstens haben in vielen Pflichtschulen vor allem in Ballungsräumen nur sehr wenige Kinder Deutsch als Muttersprache, es fehlen also die Sprachvorbilder. Das gilt inzwischen auch für Höhere Schulen. Auch dort gibt es teilweise bereits Mehrheiten an Schülerinnen und Schülern, die Deutsch nicht als Muttersprache haben. Zweitens sind die Kinder spätestens nach der Schule bei ihren Communities und ihren Familien, wo nicht Deutsch gesprochen wird. Das ist beim Auslandsjahr nicht der Fall. Von welchen Sprachvorbildern sollen also selbst lernwillige Kinder Deutsch lernen?

Ich beobachte bereits den umgekehrten Fall. Österreichische Kinder kommen zu mir in die Direktion und fragen „Darf ich Billa gehen?“. Österreichische Kinder meiner Freunde, die eine AHS-Oberstufe besuchen, antworten auf die Frage, was sie am Abend vorhaben: „Zuerst wir treffen in Donauzentrum und dann wir gehen Kino.“ Die Aufforderung, richtig Deutsch zu sprechen, wird mit einem „Das ist Jugendsprache“ abgetan.

Die Lösung wäre also, dass wir zumindest in der Schule eine korrekte Sprache einfordern und dass so viel wie möglich Deutsch gesprochen wird. Natürlich kann es auch nicht schaden, wenn mehr „richtige“ Bücher gelesen werden. Fazit ist, je mehr eine Sprache gesprochen wird, desto eher wird sie gelernt.

Da außerhalb der Schule viele nicht mehr Deutsch sprechen, sollte Deutsch im gesamten Schulbereich (auch in den Pausen) die gemeinsame Sprache sein. Es ist meiner Meinung nach auch eine Frage der Höflichkeit, in einer Sprache zu sprechen, die alle verstehen.

3. PFLICHTSCHULE – MEHR ALS NUR VERMITTLUNG VON WISSEN

Es ist wichtig, darauf hinzuweisen, dass Lehrpersonen immer und in jeder Schulform viel mehr sind als nur Wissensvermittler. Dieser Verantwortung und unserer Vorbildwirkung sollten wir uns immer bewusst sein.

Ganz besonders gilt das natürlich in der Volksschule. Volksschullehrerinnen und Volksschullehrer beeinflussen mit ihrer Arbeit das Leben ihrer Schützlinge ganz entscheidend, und damit sind nicht nur das Wissen und die Fertigkeiten, sondern vor allem auch die Beziehungsarbeit, die Vorbildwirkung, die Empathie, die emotionale Betreuung und vieles mehr gemeint. Auch in der Sekundarstufe sind wir prägend und viel mehr als reine Wissensvermittler, in der Mittelschule natürlich deutlich mehr als in der AHS. Es ist schwer zu beurteilen oder zu trennen, welchen Anteil die Wissensvermittlung und welchen die Sozialarbeit hat.

Jeremy ist immer wieder abgängig

Kurz vor den Semesterferien bekomme ich die Zuweisung von Jeremy. Er kommt aus einem Gymnasium, mehr Informationen habe ich nicht. Nach den Semesterferien höre ich nichts weiter, Jeremy taucht auch nicht auf. Nach zwei Schulwochen ein Anruf:

„Ich bin der Vater von Jeremy, er hätte vor zwei Wochen zu Ihnen in die Schule kommen sollen. Leider war er abgängig. Wir haben ihn in der Nacht gefunden bzw. wurde er uns von der Polizei gebracht. Er schläft jetzt, morgen wird er kommen."

Am nächsten Tag kommt niemand, nach einer weiteren Woche kommt ein Mann zu mir in die Schule und stellt sich als Jeremys Vater vor. Was kann man tun, Jeremy ist schon wieder weg. Ich erkläre, dass ich gar nichts tun kann, solange er nicht da ist. Ich werde vorerst keine Schritte unternehmen und auf Jeremy oder weitere Informationen warten.

In diesem Semester lerne ich Jeremy nicht mehr kennen, manchmal ruft mich der Vater an und erklärt mir verzweifelt, dass sich bei seinem Sohn nichts geändert habe. Manchmal ist er zu Hause, weigert sich aber, zur Schule zu gehen, manchmal verschwindet er für mehrere Tage oder sogar Wochen. Im Juni schließlich kommt der Vater wieder: Es gibt einen Plan:

„Jeremy fliegt für drei Monate nach Südamerika zu seinen Verwandten. Dort soll er sehen, wie hart das Leben sein kann."

Der Vater bittet, Jeremys Schulplatz nicht zu vergeben.

Nach den Sommerferien kommt Jeremy tatsächlich mit seinem Vater in die Schule. Die Therapie hat geholfen, Jeremy wiederholt die dritte Klasse. Ab dem ersten Tag ist Jeremy bis zu seinem Abschluss zwei Jahre später immer in der Schule, es gibt nie Probleme. Wenn man ihn zwei Jahre später sieht, kann man sich nicht vorstellen, dass es je Probleme gegeben hat, Jeremy macht seinen Weg.

„Schau mal in seine Kappe“

Demir wechselt aufgrund von Problemen von einer Privatschule (AHS) zu mir an die Mittelschule. Angeblich hat er in der Schule Drogen verkauft und diverse andere Delikte begangen. Zufällig war der Sohn eines Freundes von mir einer seiner Klassenkameraden. Ich bekam einen Tipp: Die Drogen, die er zum Verkauf mithatte, waren immer in seiner Kappe versteckt.

An seinem zweiten Schultag findet an unserer Schule eine große Veranstaltung mit allen Kindern im Turnsaal statt. Demir denkt, er braucht einen coolen Einstieg in die neue Schule. Er liegt am Rand und schläft. Als ich ihn zurechtweise, fragt er mich lässig und provokant, ob ich mit ihm ein Problem habe, und ich solle cool bleiben. Die anderen Kinder warten schon gespannt, wie das wohl enden wird. Ich weise ihn stimmgewaltig und deutlich zurecht und erkläre ihm, dass er mit mir so nicht zu reden habe. Ich befehle ihm, den Turnsaal sofort in Richtung Direktion zu verlassen. Die Veranstaltung ist kurz unterbrochen. Demir entscheidet sich, meiner Aufforderung nachzukommen, und steht auf. Dann verlässt er mit weiteren coolen Sprüchen den Turnsaal.

Ich atme auf, zumindest habe ich nicht ganz das Gesicht verloren. Als er an mir vorbeigeht, fasse ich noch schnell nach seiner Kappe, und bevor er weiß, was passiert ist, habe ich sie in der Hand. Mit den Worten: „Und Kappen tragen wir in der Schule auch nicht, die kann dein Vater abholen“, ziehe ich die Kappe von ihm weg. Seine erschrockene Reaktion sagt mir, dass ich jetzt wohl mehr als eine Kappe in der Hand habe.

Wir gehen in die Direktion. Während im Turnsaal die Veranstaltung weitergeht, erkläre ich Demir, wie ich mir unsere gemeinsame Zeit hier in der Schule vorstelle. Auch dass er die Kappe nicht zurückbekommt, mache ich ihm deutlich, ohne ihm zu sagen, dass ich weiß, warum sie ihm so wichtig ist. Ich rufe den Vater an, wir einigen uns darauf, dass der Schultag für Demir beendet ist und ich ihn nach Hause schicke. Am nächsten Tag soll er mit angemessenem Verhalten neu starten. Über die Kappe spreche ich mit dem Vater nicht, das möchte ich mir für eine mögliche weitere Entgleisung aufheben.

Demir versuchte in den nächsten Tagen ein paarmal erfolglos, die Kappe zurückzubekommen. Seinen Vater schickte er dafür nie. Wir hatten nie wieder Probleme, die Fronten waren geklärt. Er schloss die Schule mit ausgezeichneten Noten ab und absolvierte erfolgreich eine Lehre. Die Kappe bekam er am Zeugnistag zurück.

Ich weiß bis heute nicht, ob darin etwas versteckt war. Ich traf Demirs Vater später öfter bei Veranstaltungen, und immer wieder bedankte er sich dafür, dass alles bei uns so gut gelaufen ist. Ich weiß nicht, ob er über die Spezialkappe seines Sohnes jemals etwas erfahren hat.

Dafina möchte Walzer lernen

Albanien gewinnt ein Ländermatch, am nächsten Tag in der Früh kommen einige albanische Mädchen mit Flaggen in die Schule, singen und tanzen in der Klasse. Da nationale Zeichen in der Schule verboten sind, werde ich in die Klasse geholt. Die Mädchen wissen sofort, warum ich da bin, und erklären, dass dies eine Ausnahme sei, weil Albanien am Vortag gewonnen habe. Unaufgefordert räumen sie die Flaggen sofort weg.

Später im Laufe des Tages kommt Dafina zu mir in die Direktion und entschuldigt sich nochmals. Dafina ist ein lebhaftes, aber besonders lernwilliges und fleißiges Mädchen, wir plaudern oft, und es ist ihr ein Bedürfnis, dass ich sie verstehe und nicht böse bin. Das Thema Fußballmatch ist schnell erklärt:

„Wenn Albanien spielt, halte ich zu Albanien, wenn Österreich spielt, zu Österreich, alle anderen sind mir egal. Nur wenn Österreich gegen Albanien spielt, dann ist es schwer."

Dafina tanzt auch in einer albanischen Volkstanzgruppe, und sie möchte gerne beim Schulfest mit ihren Freundinnen mit einem albanischen Tanz auftreten.

„Aber ich möchte auch Walzer tanzen lernen, können Sie mir das beibringen?", fragt sie mich sofort.

Ich organisiere einen Walzer-Anfängerkurs durch eine Tanzschule. Dafina tritt mit ihren albanischen Freundinnen auf. Nach der Mittelschulzeit absolviert Dafina die Handelsschule und findet danach sofort eine geeignete Arbeit.

Dafina ist in zwei Welten zu Hause, sie hat auch Freunde in beiden Welten, nur beim Heiraten kann sie sich nicht frei entscheiden. Schon während der Schulzeit sagt sie eines Tages zu mir:

„Ich fühle mich hier zu Hause, und ich werde immer hier zu Hause sein, aber ich muss einen albanischen Moslem heiraten, sonst mache ich meine Eltern unglücklich."

Der Hannovermarkt in der Brigittenau

Wieder einmal war ein Schuljahr im Poly vorüber. Durch den Sport hatte sich eine Klassengemeinschaft gebildet, und wir hatten ein schönes Jahr zusammen verbracht. Manche wollten in eine höhere Schule wechseln, andere hatten eine Lehrstelle gefunden. Viele hatten aber noch keine Pläne, da ihnen oftmals die Unterstützung, aber auch die Vorbildwirkung von zu Hause fehlte. („Mein Vater ist AMS, ich werde auch AMS", ist leider nicht selten zu hören.)

Beim Abschied gibt es keine Tränen, wir sind ja schließlich Männer. Yusuf wird dann doch ein wenig sentimental und macht mir ein nettes Angebot:

„Herr Fachlehrer, wenn Sie kommen Hannovermarkt, Kebab immer gratis für Sie!"

Ich bedanke mich höflich, höre dann aber den Zusatz:

„...aber essen Sie nicht, ist altes Fleisch!"

Das zweiteilige Fest der Kulturen als Lösungsansatz

Die Corona-Zeit ist vorbei, endlich sind wieder Schulfeste möglich. Schulsprecher und Schulsprecherin sitzen bei mir, sie haben ein Anliegen:

„Herr Direktor, heuer können wir doch wieder ein Sommerfest machen. Da hätten wir eine Idee: Wir würden gerne ein Fest der Kulturen machen, da kann jeder sein Land vorstellen."

Die beiden kennen mich schon, sie sind also nicht überrascht über meine Antwort:

„Ja, das ist eine gute Idee. Aber ihr kennt mich, ich habe auch eine Idee dazu: Wir leben alle zusammen in Österreich, das ist eure zweite Heimat. Was haltet ihr davon, wenn wir zuerst ein Fest unter dem Motto ‚Meine neue Heimat Österreich' machen, und wenn das klappt und alle mitmachen, veranstalten wir in der Woche danach noch ein Fest unter dem Motto ‚Wo ich herkomme, meine alte Heimat'?"

Die beiden stimmen zu. Die Idee wird auch unter den Lehrpersonen gut aufgenommen, also setzen wir die Termine fest und beginnen mit den Vorbereitungen.

Die Termine für die beiden Feste rücken näher. Die Regeln für die Vorbereitungen sind einfach: Für „Meine neue Heimat Österreich" sind die Kleidungsvorschriften „Alles ist erlaubt, was mit Österreich zu tun hat", also von Tracht, Lederhose und Dirndl über Fußballdress, Österreich-T-Shirt bis zu einfach nur rot-weiß-roter Kleidung. Als Musik wird die Bundeshymne und „I am from Austria" von Reinhard Fendrich und Ähnliches vorbereitet, ein kleiner Walzerkurs ist auch dabei. Zum Essen gibt es Schnitzel, Käsekrainer, Kaiserschmarrn, Palatschinken und Powidltascherln.

Kurz vor Beginn des Festes bin ich nicht sicher, ob es gelingen wird, doch dann wird es ein rauschendes Österreich-Fest. Jene, die das Motto ablehnen, bleiben fern, alle anderen sind mit Begeisterung dabei.

Für das zweite Fest lassen sich noch mehr Kinder begeistern: Es gibt so viel zu essen und zu trinken aus allen Ecken dieser Erde, dass ich am Ende trotz der netten Aufforderung: „Herr Direktor, das müssen Sie unbedingt kosten, das hat meine Mutter extra gemacht" dankend ablehnen muss. Viele Kinder kommen in wunderschönen Nationaltrachten, führen Tänze aus ihrer Heimat auf, bei manchen tanzen alle mit.

Das Motto „Ich komme aus zwei Welten, beide sind in meinem Herzen" funktionierte zumindest an diesen beiden Nachmittagen wunderbar.

4. AUCH DAS IST SCHULE

Schulverweigerer

Es gibt viele Geschichten über Schulverweigerungen. Es gibt zahlreiche Stellen, die sich mit all diesen Kindern beschäftigen, die aus unterschiedlichen Gründen nicht in die Schule gehen. Der Erfolg ist bei all diesen Stellen letztendlich gleich: Es gelingt selten, die Kinder wieder auf den Weg in die Schule zurückzubringen.

Manche schaffen es nicht, in der Früh aufzustehen, manche haben keine Lust auf Schule und weigern sich, manche sind in falscher Gesellschaft und treffen sich am Vormittag mit Gleichgesinnten, andere sind oft tagelang abgängig, und niemand weiß, wo sie sind.

Ist Toleranz und Verständnis für all diese Fälle die richtige Antwort, oder geben wir diesen damit ihre Legitimation?

Vor wenigen Jahren wurde eine verpflichtende Anzeige bei „Nichterfüllung der Schulpflicht" am Magistrat eingeführt, welche zu Geldstrafen für die Eltern führt. Ein wichtiger Schritt, leider hilft das aber nur in jenen Fällen, in denen Eltern noch ausreichend Einfluss auf ihre Kinder haben, um sie in die Schule zu schicken. Überall dort, wo das nicht der Fall ist, sowie bei fremduntergebrachten Kindern geht diese Maßnahme ins Leere, beziehungsweise braucht es andere Lösungen. Das Projekt „Schlangenfuß“ zum Beispiel fasst Kinder mit Schulangst in eigene Klassen zusammen, aber auch das ist nur ein Auslöser von vielen, außerdem gibt es dort viel zu wenige Schulplätze für diese Fälle.

Ich bin froh, wenn sie mit mir frühstücken geht

Marlene sucht immer wieder Konflikte mit Erwachsenen, nicht nur in der Schule, auch auf der Straße und im Park. Marlenes Mutter findet keinen Zugang mehr zu ihr. Immer wieder ist Marlene mehrere Tage abgängig, dann kommt sie wieder nach Hause. So genau weiß man nie, wo sie sich befindet. Anscheinend ist sie manchmal bei älteren Freunden in Wien, die schon eine eigene Wohnung haben, aber auch in Graz, in Linz und in St. Pölten dürfte sie immer wieder untertauchen. Schließlich wird Marlene zuerst im Krisenzentrum und dann in einer Wohngemeinschaft untergebracht. Ihr Betreuer dort bemüht sich sehr, eine Verbesserung der Situation herbeizuführen. Aber dazu muss er erst einmal eine Beziehung zu ihr aufbauen. Der Betreuer hält guten Kontakt zu mir in der Schule, Marlene mitzubringen gelingt selten.

Bei einem meiner Gesprächstermine mit Marlenes Betreuer bringt er die Situation auf den Punkt:

„Ich schaffe es, dass sie meistens bei uns in der WG übernachtet. Würde ich sie am nächsten Tag in die Schule bringen, würde sie abhauen und wäre wieder weg. Marlene hat größere Probleme als ihre Schulpflicht, ich bin froh, wenn ich es schaffe, dass wir zusammen ins Kaffeehaus gehen, sie sich öffnet und mit mir über ihre Sorgen spricht. Vielleicht schaffen wir es irgendwann, sie wieder in die Schule zu bringen.“

Es ist nicht gelungen, Marlene taucht nicht mehr in der Schule auf, bis sie nicht mehr schulpflichtig ist und ihre Schulkarriere ausläuft. Auch der Wohngemeinschaft ist es nicht gelungen, sie von einem geregelten Leben innerhalb unserer Gesellschaft zu überzeugen, und irgendwann ist sie auch aus diesem Betreuungssystem draußen.

Daria schafft es in der Früh nicht aufzustehen

Wir haben wieder einmal Helferkonferenz für Daria, weil sie seit Wochen nicht in die Schule kommt. Zuletzt war Daria bei diesen Gesprächen nicht anwesend, weil sie es nicht in die Schule geschafft hat. Schließlich habe ich der Mutter erklärt, dass es keine Gespräche mehr ohne Daria geben wird, weil es nur Sinn macht, wenn die Person, um die es eigentlich geht, dabei ist. So ist es gelungen, dass Daria diesmal wieder dabei ist.

Im Gespräch stellt sich heraus, dass sie sich überfordert fühlt und wegen der Last der auf sie zukommenden Herausforderungen nicht in der Lage ist, das Haus zu verlassen. Mir fällt ein Zitat des Navy-Seal-Admirals William H. McRaven über das Bettenmachen in der Früh ein. Er erklärt seinen Rekruten:

„Wenn ihr die Welt verändern wollt, müsst ihr damit anfangen, euer Bett zu machen. Ihr werdet die erste Aufgabe des Tages erledigt haben, ihr werdet ein bisschen Stolz verspüren, und das wird euch dazu ermutigen, eine weitere Aufgabe anzugehen, und eine weitere und eine weitere."

Ich erzähle von diesem Zitat und versuche, Daria zu überzeugen, es genauso zu machen, um mit einem Erfolgserlebnis in den Tag zu starten und dann als weiteren Schritt den Weg in die Schule zu schaffen. Sie müsse nichts leisten in der

Schule, nur ankommen und da sein. Tatsächlich klappt das in den nächsten Tagen. Daria kommt in die Schule, manchmal kommt sie auch zu mir und erzählt mir vom gemachten Bett. Leider hält der Erfolg nicht an, Daria bleibt wieder zu Hause. Irgendwann fällt sie ohne Abschluss aus dem Schulsystem.

Marko fürchtet sich vor der Schule

Marko ist ein aufgewecktes Kind, manchen Lehrpersonen zu aufgeweckt, seine Schulleistungen sind gut, und er hätte die Schule sicher schaffen können. Irgendwann hat er mit seinen Scherzen übertrieben, Mitschüler waren beleidigt, wollten nichts mehr mit ihm zu tun haben. Es dürfte auch ein paar Drohungen gegeben haben. Marko steuert auf Schwierigkeiten zu. Diesen möchte er sich nicht stellen, also bleibt er zu Hause.

Zuerst kann er die Eltern überzeugen, dass er zu krank ist, um in die Schule zu gehen. Als die Krankheit den Eltern zu lange dauert, weint er in der Früh und erklärt, er fürchte sich vor der Schule. Es gibt Gespräche, aber weder finden wir den wahren Grund heraus, noch schaffen wir es, Marko davon zu überzeugen, dass es seine Verpflichtung ist, in die Schule zu kommen. Schließlich gibt es einen Schulwechsel, damit Marko an einer anderen Schule die Klasse wiederholen kann, doch auch dort gelingt es nicht, ihn zum Schulbesuch zu bewegen.

Falsche Freunde – sie treffen sich alle in der Früh, in die Schule gehen sie nicht

Kristina geht jeden Tag in der Früh pünktlich weg, aber sie kommt nicht in der Schule an. Auf die Frage, was sie macht und wo sie die Zeit verbringt, antwortet sie nur: „Ich treffe mich mit Freunden." Wer diese Freunde sind, will sie uns nicht erzählen. Eines Tages erhalten wir einen Anruf aus dem Donauzentrum. Kristina sei dort aufgegriffen worden, das Sicherheitspersonal würde sie nun in die Schule schicken. Im Donauzentrum treffen sich mehrere Jugendliche aus verschiedenen Schulen, um gemeinsam zu schwänzen. Ein paar aus der Gruppe sind auch nicht mehr schulpflichtig und gehen keiner geregelten Tätigkeit nach, alle verbringen ihre Zeit gemeinsam. Wenn Kristina ihr Umfeld und ihre Freunde nicht verändert, wird sie keinen Pflichtschulabschluss schaffen.

Was sie alle gemeinsam haben

All diese Geschichten haben eines gemeinsam: Es scheint nicht möglich, diese Kinder und Jugendlichen zum Schulbesuch oder später zu einem geregelten Leben zu bewegen. Oft werden dann die Fehler im System gesucht, und das Verständnis für die Probleme der Betroffenen scheint größer zu sein als das Bestreben, sie wieder ins System zurückzuholen. Manche Eltern sind verzweifelt und unternehmen alles ihnen Mögliche, andere entwickeln Verständnis für das Verweigern der Schulpflicht ihres Kindes und in Folge oft auch das Verweigern einer geregelten Beschäftigung. Das Zeigen von Verständnis mag in vielen Fällen richtig sein, es führt aber insgesamt dazu, dass auch viele, die noch motivierbar wären, keinen Grund für eine Änderung sehen, weil sie sich durch vielleicht zu viel Verständnis und Toleranz von mehreren Seiten in ihrem Selbstmitleid bestätigt fühlen. Verbleiben diese Schülerinnen und Schüler im Regelschulwesen, ohne ihr Verhalten zu verändern, so wird es auch immer Nachahmer geben.

Störungen verhindern den Unterricht

„Gelungen heißt, er tut niemandem weh"

Kevin wohnt in einer Wohngemeinschaft, er wurde seiner Mutter schon in der Volksschule vom Jugendamt abgenommen, weil sie nicht mit ihm zurechtgekommen ist. Auch in der Wohngemeinschaft bleibt es schwierig. Wir arbeiten mit dieser Wohngemeinschaft sehr gut zusammen, es gibt ein wöchentliches Gespräch zwischen der Beratungslehrerin und dem Leiter der Wohngemeinschaft. Zu besprechen gibt es viel, Kevin ist eigentlich in der Regelschule nicht beschulbar.

Bei einem der Gespräche bin ich aufgrund der sich in der Klasse zuspitzenden Situation ebenfalls dabei. Im Laufe des Gesprächs äußert sich der WG-Betreuer:

„Also ich bin schon guter Hoffnung, dass das Projekt Kevin gelingen kann."

Ich sehe ihn zweifelnd an, worauf er seine Aussage präzisiert:

„Kevin wird nie arbeiten gehen. Gelingen dieser Aufgabe heißt, wir schaffen es, dass er mit zwanzig von der Mindestsicherung, aber in seiner eigenen Wohnung lebt und Play-

Station zockt, aber nicht kriminell wird und niemandem wehtut."

Ok, so gesehen kann das Projekt vielleicht gelingen, aber Kevin ist eigentlich in der Regelschule am falschen Platz, und er wird hier keinen Pflichtschulabschluss schaffen.

Unterrichten ist nicht mehr möglich

Es ist einer der ersten warmen Tage im Jahr, offenbar gibt es in der Nähe der Schule ein Geschäft, das kleine Spritzpistolen günstig verkauft. Beinahe jede Lehrperson kommt mit diesen Wasserpistolen in die Direktion, es gibt schon eine prall gefüllte eigene Kiste dafür. Schließlich werde ich von einem Kind aus einer dritten Klasse geholt, die Lehrperson wurde mehrfach mit Wasser bespritzt, als sie sich zur Tafel drehte, der Täter war aber nicht ausfindig zu machen.

Ich komme in die Klasse, wie üblich stehen alle Kinder auf und warten, bis ich sie bitte, sich zu setzen. Dann fordere ich alle Kinder auf, alles aus ihren Hosentaschen auf den Tisch zu legen sowie die Schultaschen völlig zu leeren. Auch die Bankfächer müssen sie ausräumen und den Inhalt auf den Tisch legen. Als ich in der ersten Reihe alles auf dem Tisch Liegende überprüfe, versucht Milana noch schnell, zwei Spritzpistolen vom noch zu durchsuchenden Teil des Tisches unauffällig auf den bereits durchsuchten Stapel zu verschieben. Es gelingt ihr nicht, die ersten beiden Pistolen werden abgesammelt. Langsam erkennen die Kinder, dass es nicht möglich ist, etwas vor mir zu verstecken. Ich gehe von Tisch zu Tisch, und bald muss ich mir von Janos seine leere Schultasche ausborgen, um alles einsammeln zu können. Als ich schließlich mit über dreißig Wasserpistolen, ein paar Feuerzeugen und zwei Packungen Zigaretten zurück in die Direktion gehe, ist die Mathematikstunde vorbei. Janos kommt mit mir, um seine Schultasche wieder zurückzubekommen.

Das ist eine sehr harmlose Geschichte. Manchmal werde ich geholt, weil kleine oder auch etwas größere Kracher in der Klasse gezündet wurden, oder es werden halbvolle Wasserflaschen oder im günstigeren Fall Papierflieger beim Fenster hinausgeschossen. Viele spannende Dinge passieren in den Klassen, einige davon haben gar nichts mit Unterricht zu tun.

Ein bisschen normale Schule

Es gibt wenig Möglichkeiten, Fehlverhalten in der Schule zu sanktionieren. Dementsprechend schwierig wird es für Lehrpersonen, wenn Klassen immer problematischer, immer lauter, immer wilder werden. Zumeist beginnt es relativ harmlos, jene Kinder, die soundso als sehr lebhaft bekannt sind, leben ihren Bewegungsdrang aus, sind laut, mitunter enden Meinungsverschiedenheiten mitten in der Stunde in Raufereien („Ich musste ihn schlagen, er hat meine Mutter beschimpft“ oder „Er hat einfach mein Lineal genommen, ich habe es zurückgeholt“ und dergleichen …).

Wie fängt man die Kinder ein, was kann man tun? Zumeist sind es nur einige in der Klasse, die in diesem Ausmaß den Unterricht unmöglich machen. Sind sie nicht dabei, läuft es in der Klasse ganz anders. Diese Störenfriede fordern und bekommen logischerweise die gesamte Aufmerksamkeit der Lehrpersonen, dabei würden sie die anderen Kinder dringend brauchen und wären dankbar für ein bisschen Hilfe und Unterstützung.

Die „Time-Out-Klasse“

Es kommt immer wieder zu Störungen in den Klassen, sodass Unterrichten kaum möglich ist. Die Übeltäter werden zu mir geschickt. An manchen Tagen füllt sich die Direktion derartig, dass an Arbeiten für mich nicht mehr zu denken ist. So beschließen wir, mit Beginn des zweiten Semesters eine Time-Out-Klasse für jene Schülerinnen und Schüler zu führen, die weder Interesse am Unterricht haben noch diesen für die anderen ermöglichen.

Das Konzept zielt darauf ab, dem großen Teil der in der Klasse Verbleibenden störungsfreien Unterricht zu ermöglichen. In die Time-Out-Klasse werden nur jene geschickt, die sich als dauerhafte Störer herausstellen, die Aufenthaltsdauer beträgt mindestens drei, maximal fünf Tage am Stück. Jene, die ihre Klasse verlassen müssen, bekommen ausreichend schriftliche Arbeitsaufträge, um gut beschäftigt zu sein und sich dadurch den Stoff selbst erarbeiten zu können. In der Time-Out-Klasse ist stille Einzelarbeit vorgesehen, es werden keine Gespräche geführt. Pausenzeiten und Unterrichtsende sind zu anderen Zeiten als in der Stammklasse, dadurch können die Klassenkameradinnen und -kameraden während der Schulzeit nicht kontaktiert werden.

Sehr schnell bemüht sich ein Großteil aller Schülerinnen und Schüler, sich so zu benehmen, dass sie nicht in diese Time-Out-Klasse geschickt werden. Aber manche sind nicht in der Lage, diese Grenze zu erkennen, und werden dort zu Stammgästen. Das sind jene Kinder, die eigentlich für eine Beschulung in einer Regelschule ungeeignet sind.

Dies ergibt einen positiven Effekt für die ganze Schule. In der Time-Out-Klasse sind nie mehr als 15 Kinder, diese verhalten sich dort ruhig, das Lehrpersonal für diese Klasse ist entsprechend geschult. In den Regelklassen wird es dadurch deutlich ruhiger, und ein störungsfreier Unterricht wird wieder möglich. Das empfinden die Kinder als angenehm, und Rückkehrer aus der Time-Out-Klasse werden vom Rest der Klasse angehalten, sich entsprechend anzupassen.

Ein Jahr danach planen wir diese Klasse von Beginn an ein. Es stellt sich aber schnell heraus, dass in diesem Schuljahr eine derartige Maßnahme nicht notwendig ist. Also schließen wir diese Spezialklasse wieder, behalten uns aber die Möglichkeit vor, sie sofort wieder aufleben zu lassen, falls nötig. Es sollte in diesem Schuljahr aber nicht notwendig werden.

Einige Schuljahre später gestaltet sich der Herbst wieder sehr schwierig, es gibt einige Kinder, verteilt auf mehrere Klassen, die regulären Unterricht durch ihr Verhalten unmöglich machen. Wie schon beim vorigen Mal nehmen wir uns den Jänner zur Vorbereitung vor und starten nach den Semesterferien wieder mit einer Time-Out-Klasse. Wir haben in der Abwicklung einiges dazugelernt, diesmal ist der gesamte Ablauf viel besser vorbereitet, das Konzept im Lehrkörper gut vorbesprochen. Die Einführung der Time-Out-Klasse ist sehr wirksam, neben einigen Stammgästen in dieser Spezialklasse gibt es auch Einzelne, die es vorziehen, sich während ihrer Time-Out-Zeit krankzumelden. Das ist auch in Ordnung, schließlich wird das Ziel genauso erreicht: In der Stammklasse wird es ruhiger und ungestörter. Die Time-Out-Tage sind nach der Rückkehr aus der Krankheit selbstverständlich nachzuholen, bevor man wieder in die Stammklasse darf. Ein Großteil der Kinder in den Regelklassen ist dankbar und erleichtert.

In der Schule wird es immer prekärer

Familienzusammenführung

Viele Kinder im Pflichtschulalter ohne Deutschkenntnisse und mit islamischem Hintergrund kommen nach Österreich, vorwiegend nach Wien.

Familienzusammenführung hat viele Seiten:

Hamed geht in eine Volksschule, er erzählt seiner Lehrerin, wie sehr er sich freut. Bald kommen seine Eltern mit seinen vier Geschwistern nach Österreich, und er wird dann nicht mehr in einer Wohngemeinschaft, sondern mit seiner Familie zusammenleben. Die Lehrerin fragt, wann sich die Familie auf den beschwerlichen Weg machen wird. „Das wird nicht beschwerlich, sie kommen mit dem Flugzeug, und das kostet gar nichts“, erzählt Hamed freimütig.

Ismael ist unglücklich. Er hat in einer Wohngemeinschaft gelebt, da war alles in Ordnung. Seit der Familienzusammenführung wohnt er mit der Familie zusammen. Er erzählt, dass er zurück in die Wohngemeinschaft möchte, da er in der Familie schlecht behandelt wird. „Aber das ist doch deine Familie“, wirft die Lehrperson ein. Nein, das sei ein Onkel mit seiner Frau und seinen Kindern, eigentlich kenne er die Familie nicht besonders gut, widerspricht Ismael.

Diese beiden Geschichten sind tatsächlich von Kindern ihren Lehrerinnen so erzählt worden, die Quelle ist absolut vertrauenswürdig. Es gibt sicher auch viele andere Geschichten von gelungener und wichtiger Familienzusammenführung. Eines bleibt aber immer gleich:

Der Großteil der nachkommenden Personen kann kein

Deutsch. Sie kommen überwiegend aus dem arabischen bzw. asiatischen Raum, vor allem aus Syrien und aus Afghanistan, und haben einen islamischen Hintergrund. Im Juni 2024 wurde eine Untersuchung veröffentlicht, wonach in Wien der Islam mit über 35 % unter den Pflichtschülerinnen und Pflichtschülern bereits das häufigste Religionsbekenntnis ist. Aufgrund der demografischen Entwicklung (höhere Kinderanzahl in diesen Gruppen) ist der Anteil an der Gesamtbevölkerung weiter steigend. Diese Entwicklung wird sich durch die Familienzusammenführungen verschärfen. Das sind schlichte Zahlen, die man nicht diskutieren kann. Worüber man aber diskutieren kann, sind die Auswirkungen dieser Entwicklung.

Containerklassen ersetzen fehlende Infrastruktur

Ein Problem sind die fehlenden Schulplätze. Aufgrund der ständig steigenden Zahl an Kindern im Pflichtschulbereich kommt man mit dem Bau neuer Schulen nicht nach. Ab Herbst 2024 behilft man sich als Zwischenlösung mit sogenannten Containerklassen. Das klingt allerdings schlimmer, als es ist, diese mobilen Klassenräume sind topausgestattete Schulräume mit allen notwendigen Einrichtungen, und sie können wieder abgebaut und woanders aufgebaut werden. Vermutlich werden sie dann durch fixe Gebäude ersetzt.

Personalmangel und Quereinsteiger

Klassen brauchen auch Lehrpersonal, Klassen mit Kindern, die nicht Deutsch können, benötigen zusätzliches

Sprachförderpersonal. Aufgrund ihrer Schicksale sind unter ihnen viele auffällige Kinder oder Kinder mit besonderen Bedürfnissen. Das erhöht den Bedarf an zusätzlichem Personal und wird damit zu noch mehr Personalmangel führen. Woher kann dieses Personal in Zeiten des Lehrermangels und vieler Pensionierungen kommen? Die Ansprüche an Kandidatinnen und Kandidaten für die Arbeit als Lehrpersonen zu reduzieren, um Köpfe zu finden, halte ich für einen gefährlichen Ansatz. Kinder brauchen die bestqualifizierten Lehrerinnen und Lehrer, die man finden kann.

5. GEWALT IN DER SCHULE

Was so passiert

„Ich bringe ihn erst am Abend um"

Ramazan ist Tschetschene, er ist zwei Jahre überaltrig, nicht mehr schulpflichtig und besucht gerade die dritte Klasse. Er möchte aber unbedingt einen Schulabschluss machen. Ich bin seit zwei Wochen Schulleiter, Ramazan kenne ich natürlich schon. Am Freitagmittag kommen einige Kinder aufgeregt in die Direktion:

„Herr Direktor, kommen Sie schnell, Ramazan und Yusuf schlagen sich, Herr Müller ist dazwischen!"

Ich eile in das andere Gebäude, dort in den zweiten Stock, tatsächlich prügeln die beiden Tschetschenen aufeinander ein. Ein Kollege, ein älterer, eher kleiner Mann, versucht dies zu verhindern. Ich mische mich ein, bekomme Ramazan zu fassen und ziehe ihn von dem anderen weg.

Dem Kollegen und einigen Schülern gelingt es zu verhindern, dass Yusuf uns folgen kann. Ich nehme Ramazan mit, laufe mit ihm die Stiegen hinunter ins andere Gebäude, dort die Stiegen wieder hinauf und ins letzte Eck des Ganges.

Nun versuche ich, ihn zu beruhigen. Er sagt immer wieder: „Ich bringe ihn um!“ Ich nehme Ramazans Drohung natürlich ernst und kann ihn daher nicht entlassen.

Inzwischen läutet es, die letzten Klassen haben aus. Ich erkläre ihm nochmals, dass ich ihn nicht gehen lassen kann, solange ich fürchten muss, dass er seine Drohung wahrmacht. Plötzlich sieht mich Ramazan mit leuchtenden Augen an und sagt mit ruhiger Stimme:

„Herr Direktor, ich mag Sie, ich möchte nicht, dass Sie Probleme haben. Ich bringe ihn erst am Abend um.“

Schließlich gehen wir in die Direktion, ich rufe Ramazans Eltern an und lasse ihn abholen. Den Eltern erkläre ich eindringlich, dass der Konflikt so nicht weitergehen darf.

Leider hat das nicht geklappt, am Wochenende hat sich der Streit zu einer Familienfehde ausgeweitet, und am Montag sind die Väter von beiden beteiligten Burschen bei mir in der Schule. Irgendwie beruhigt sich die Situation wieder, Ramazan und Yusuf können in der gleichen Klasse bleiben, ohne sich noch einmal an die Gurgel zu gehen. Ramazan schafft die dritte Klasse eher dank unserer Gutmütigkeit als aufgrund seiner Leistungen. Er besucht im folgenden Schuljahr die vierte Klasse, seine Chancen auf einen Schulabschluss sind gut. Er ist immer in der Schule, seine Leistungen sind bemüht, es gibt keine Probleme.

Gut ist die Geschichte trotzdem nicht ausgegangen. Im Frühjahr fehlt er plötzlich, die Familie ist nicht erreichbar. Es stellt sich heraus, dass die Familie in einer Nacht-und-Nebel-Aktion Österreich verlassen hat. Lange hören wir nichts von Ramazan, irgendwann erzählen uns die Kinder, dass sie ihn auf Facebook gefunden haben: Er kämpft jetzt in Syrien für den Islamischen Staat. Danach haben wir nie wieder von ihm gehört.

Waffen

Suad kommt mit Pistole in die Schule

Suad ist ein problematischer Schüler. Es gibt immer wieder Vorfälle, in denen Gewalt im Spiel ist. Die Anzahl und auch die Intensität der Vorfälle nahm im Laufe der Zeit dermaßen zu, dass mich der mit mir befreundete Leiter seiner Schule bat, Suad zu übernehmen.

Damit soll bezweckt werden, dass Suad durch den Schulwechsel abgelenkt bzw. anderweitig gefordert ist, sodass er weniger auffällig sein und auch die Kinder in seiner neuen Klasse nicht belästigen würde. Ich stimme zu, und Suad beginnt an unserer Schule.

Einige Wochen lang scheint der Plan auch zu gelingen. Doch dann kommt es auch bei uns immer öfter zu Bedrohungen, Erpressungen und anderen Vorfällen. Lehrpersonen und ein Großteil der Schülerinnen und Schüler sind froh über jeden Tag, an dem Suad nicht in der Schule erscheint. Er besucht die vierte Klasse und wird diese wohl nicht positiv beenden, ein Wiederholen ist aber aufgrund seiner Überaltrigkeit nicht mehr möglich. Somit sind es nur noch wenige Wochen bis zum Schulschluss und zugleich dem Ende von Suads Schulkarriere.

Eines Nachmittags kommen Kinder einer anderen Klasse zu mir. Sie haben Angst, da ein Jugendlicher mit weißem Pulli vor der Schule mit einer Pistole herumhantiert und auch andere Kinder beschimpft und bedroht hat. Dabei sind Sätze gefallen wie: „Ich möchte gerne versuchen, wie es ist, mit so einer Pistole einem Menschen in den Kopf zu schießen."

Ich gehe in die vierte Klasse, dort sitzt Suad mit weißem

Pulli. Er ist nicht überrascht, dass ich in die Klasse komme, offenbar hat es schon Vorwarnungen gegeben. Es ist schnell klar, dass die Waffe bereits versteckt ist. Ich gebe Anweisung, dass niemand seinen Sitzplatz verlassen darf, und rufe den Polizeinotruf.

Schnell sind zwei Beamte vor Ort. Sie durchsuchen Suads Spind und den ganzen Klassenraum, die Waffe wird nicht gefunden. Daher werden in der Folge die Schultaschen aller Kinder der Klasse durchsucht.

Um die Mädchen und ihre Taschen und Spinde durchsuchen zu können, müssen weibliche Beamtinnen angefordert werden. Schließlich wird die Pistole im Spind von Mahmoud gefunden. Mahmoud hat sich sofort mit Suad angefreundet, als dieser in unsere Schule gekommen ist, und beteiligt sich seither an allem, was Suad tut. Im Laufe der Gespräche stellt sich heraus, dass Suad auch in der Klasse mit der Waffe hantiert hat. Bei der Waffe handelt es sich um eine Pistole der Art „Softgun", die einer echten Waffe täuschend ähnlich sieht und deshalb nach dem Waffengesetz für Personen unter 18 Jahren verboten ist. Mahmoud und Suad werden für vier Wochen, das ist die maximal mögliche Zeitspanne, suspendiert. Die Waffe wird der Polizei übergeben. Es wird von der Polizei Anzeige nach dem Waffengesetz erstattet.

Ende Mai sind die beiden wieder in der Schule. Während Mahmoud versucht, sich von Suad zu distanzieren und es mit ihm zu keinen weiteren Zwischenfällen kommt, verändert sich bei Suad nichts. Schließlich bekomme ich nach einer Woche wieder einen sorgenvollen Tipp von einem Mitschüler. Suad soll in seiner Umhängetasche einen Schlagring haben.

Ich gehe in die Klasse und fordere Suad auf, seine Tasche zu leeren. Dabei kommen ein Schlagring sowie in weiterer Folge auch ein Pfefferspray zum Vorschein. Beides wird von mir sichergestellt. Ich nehme Suad mit in die Direktion und rufe den Polizeinotruf. Als die Beamten erscheinen, übergebe ich die beiden Gegenstände. Der Schlagring ist eine in Österreich verbotene Waffe, der Pfefferspray gilt aufgrund seiner Kategorisierung ebenfalls als Waffe, ist aber ab 18 erlaubt. Suad ist 15, er wird wieder wegen unerlaubten Waffenbesitzes angezeigt.

Ich weise die Polizeibeamten darauf hin, dass er bereits vor Kurzem eine Pistole in die Schule mitgebracht hatte und auch da angezeigt worden war. Einer der Beamten sieht in seinem Diensthandy nach, sucht und findet Suads Akte und murmelt: „Schauen wir mal. Also ich finde da keinen Waffenbesitz. Ich sehe einen Raubüberfall, Erpressung, Körperverletzung, aber keinen Waffenbesitz. Ah, da ist noch ein Raubüberfall. Na, da haben wir ja doch einiges."

Gemeinsam mit den Polizisten warten wir auf Suads Vater und übergeben ihm seinen Sohn. Ich informiere den Vater, dass ich eine neuerliche Suspendierung zum Schutz der anderen Kinder beantragen werde. Es sind nur noch vier Wochen bis zum Schulschluss. Die Suspendierung wird genehmigt, und ich bitte den Vater, Suads Zeugnis erst am Montag nach der Zeugnisverteilung bei mir abzuholen. Ich sehe Suad nie wieder. Mahmoud verhält sich die letzten Wochen unauffällig und erhält sein Zeugnis gemeinsam mit den anderen. Beide Waffen wurden der Polizei übergeben. Es wird von der Polizei Anzeige nach dem Waffengesetz erstattet.

Habib und Abed haben eine Pistole

Die sogenannten „Leitertage" sind ein Seminar, an dem sich Schulleiterinnen und Schulleiter für drei Tage zum Austausch treffen. Schon nach kurzer Zeit sind viele meiner Schulleiterkolleginnen und -kollegen damit beschäftigt, kleinere und größere Katastrophen in ihrer Schule aus der Ferne telefonisch zu lösen. Auch mich erreicht am zweiten Seminartag eine WhatsApp-Nachricht, dass offenbar ein Schüler mit Pistole in der Schule erschienen ist. Im Anhang findet sich ein Video, auf dem man die Übergabe einer Waffe zwischen zwei Schülern sieht. Mit einer Nachricht in der Lehrer-WhatsApp-Gruppe werden alle gewarnt. „Niemand soll den Klassenraum verlassen, und es darf auch niemand in die Klasse hineingelassen werden." Die Anweisung kommt von der Polizei und wird auch sofort umgesetzt. Kurze Zeit später treffen mehrere Einsatzfahrzeuge mit Blaulicht ein.

Relativ schnell ist die Polizei im Haus, und als Täter werden Habib und Abed identifiziert. Die Beamten holen die Burschen aus den Klassen und nehmen sie mit. Waffe wird keine gefunden. Laut Aussage der beiden Schüler stammt das Video vom Vortag, die Pistole sei zu Hause und gehöre Abeds Bruder. Nach der Entwarnung gebe ich aus der Ferne die Anweisung, eine verlängerte Hofpause zu machen, damit sich die Aufregung legen kann. Auf kurzem Weg kann ich meinen zuständigen Schulqualitätsmanager in der Kaffeepause informieren. „Nicht die einzige Geschichte, während wir hier sind!", seufzt er.

Zurück in Wien klärt sich einiges auf: Abed hat Habib und ein paar andere Freunde zu sich nach Hause eingeladen. Stolz zeigt er die Pistole seines Bruders her, die in dessen Zimmer herumliegt. Später holt Habib sich die Waffe und nimmt sie mit. Auf dem Video ist zu sehen, wie Habib am nächsten Tag vor der Schule die Pistole zurückgibt, da dem Bruder der Diebstahl aufgefallen ist. Bei der Hausdurchsuchung findet die Polizei die Pistole nicht, es soll sich um eine Schreckschusspistole gehandelt haben.

Suleya, eine Schülerin, die das Video von den beiden gemacht und am nächsten Tag ihrer Klassenlehrerin gezeigt hat, wird von den beiden bedroht. Abed und Habib werden für die maximal mögliche Zeit von vier Wochen suspendiert, bis dahin hat sich auch ihre Wut auf Suleya gelegt. Die weitere Arbeit obliegt der Polizei. Folgen wird es keine geben, da alle Beteiligten unter vierzehn Jahren sind.

„Und haben Sie wirklich Angst vor ihm?“

Mehrere unbegleitete minderjährige Flüchtlinge (UMFs), die während der großen Flüchtlingswelle uns zugewiesen worden waren, erwiesen sich als sehr schwierige Gruppe. Nach vielen Problemen und Vorfällen im Zusammenhang mit Gewalt gelang es mir, dass einzelne Rädelsführer aus dieser Gruppe anderen Schulen zugewiesen wurden. Das war vor allem auch dadurch möglich, dass einige dieser Jugendlichen in andere Wohngemeinschaften verlegt wurden, weil es dort ebenso Probleme mit ihnen gegeben hatte. Auch Shaddy, einer der Anführer und kaum lenkbar, wurde in eine andere Schule verlegt.

Plötzlich steht Shaddy in der Tür zur Direktion. Er fordert mich auf, die Übersiedlung zurückzunehmen, da sie aus seiner Sicht ungerecht sei und er an dieser Schule bei seinen Freunden bleiben möchte. Ich erkläre ihm, dass das nicht mehr möglich sei, weil alles schon behördlich geregelt sei und es außerdem gute Gründe für diese Maßnahme gebe.

Er wendet sich darauf um und macht ein paar Schritte auf den Gang, und ich erachte die Angelegenheit damit als beendet. In Wirklichkeit geht er aber auf einen anderen Schüler zu, von dem er sich beleidigt gefühlt hat, und prügelt auf ihn ein. Ich folge ihm und fordere ihn auf, das Haus zu verlassen. Shaddy kommt wieder auf mich zu, ich gehe zurück zu meinem Arbeitsplatz, auch damit ein Tisch als Sicherheitsabstand zwischen uns ist. Ich weise Shaddy darauf hin, dass ich die Polizei rufen werde, wenn er nicht unverzüglich das Schulgebäude verlässt. Shaddy geht auf mich zu, nimmt zuerst das Telefon, das auf dem Tisch steht, wirft es aber auf den Tisch zurück, da es verkabelt ist. Dann nimmt er einen am Tisch stehenden, sehr massiven Tixohalter, der gleichzeitig als Briefbeschwerer dient, und wirft ihn in meine Richtung.

Ich kann ausweichen, der Briefbeschwerer verfehlt mich knapp und fliegt mit lautem Knall gegen den Heizkörper hinter mir. Shaddy erklärt mir dann noch, dass er gerne auf die Polizei warten würde, um da noch mal zu erklären, wie ungerecht ich sei. Schließlich läuft er doch weg und ist nicht mehr im Haus, als die Polizeibeamten erscheinen. Diese nehmen alle Daten auf.

Beim Gehen fragt mich einer der Beamten noch: „Wenn ich Sie ansehe – vor einem Fünfzehnjährigen, haben Sie da wirklich Angst?“ Meine Antwort war sinngemäß: „In der Schule und solange er alleine und unbewaffnet ist, nicht. Aber was ist, wenn er mir auf der Straße mit mehreren Freunden auflauert?“ Ich weiß nicht, ob es rechtliche Folgen für Shaddy gab, ich habe ihn nie wiedergesehen. Etliche Schülerinnen und Schüler waren aber sehr erleichtert, dass Shaddy nun nicht mehr in unserer Schule anzutreffen ist.

„Herr Direktor, seien Sie bitte vorsichtig!“

Vor der Schule treibt sich immer wieder ein tschetschenischer Jugendlicher herum, manchmal erst ab Mittag, manchmal aber auch bereits in der Früh. Mehrmals fordere ich ihn auf, sich von der Schule fernzuhalten. Manchmal klappt es, manchmal weigert er sich, den Bereich unmittelbar vor der Schule zu verlassen.

Eines Tages steht dieser junge Mann wieder einmal bereits um 7:40 Uhr vor der Schule, pöbelt die wartenden Kinder an oder bedroht sie. Einige Kinder kommen zu mir in die Direktion und bitten mich um Hilfe. Ich gehe hinunter zum Schultor und fordere ihn auf, die Kinder in Ruhe das Gebäude betreten zu lassen und den Bereich vor der Schule zu verlassen. Als er auch mich anstänkert, statt meiner Aufforderung Folge zu leisten, wiederhole ich die Forderung nachdrücklich. Da er der Forderung wieder nicht nachkommt, rufe ich die Polizei und bitte um Unterstützung. Der junge Mann beschimpft und bedroht mich weiter, läuft dann aber weg, als er einen Einsatzwagen der Polizei kommen sieht.

Mehrere Kinder kennen den Burschen, sodass ausreichend Informationen über ihn verfügbar werden und er im Zuge einer Vorladung durch die Polizei aufgefordert wird, sich der Schule nicht mehr zu nähern.

Nach dem Polizeieinsatz sitze ich wieder in der Direktion, um meine Arbeiten zu erledigen. Zwei Mädchen kommen zu mir und bitten mich sorgenvoll, vorsichtig zu sein. Der junge Mann sei ein Freund ihrer Brüder, und deshalb möchten sie mich warnen: „Herr Direktor, bitte seien Sie vorsichtig. Er ist gefährlich, und wir wollen nicht, dass Ihnen etwas passiert. Er hat immer ein Messer bei sich, und er hat es schon öfters benutzt."

Wir bringen keine Messer mehr in die Schule mit

Dazu passt auch die folgende Geschichte aus unserer Deutschförderklasse: Eines Tages kommt die Hauptlehrerin dieser Gruppe zu mir und erzählt über die noch verbliebenen unbegleiteten minderjährigen Afghanen:

„Du glaubst nicht, was die Kinder gerade zu mir gesagt

haben! Sie haben gesagt, wir mögen den Herrn Direktor und wir respektieren seine Regeln. Ab jetzt lassen wir die Messer zu Hause, wenn wir in die Schule kommen. Aber bevor wir in den Park gehen, gehen wir nach Hause und holen sie."

Der Zusatz, dass sie die Messer nicht benützen wollen, aber durch die gleiche Bewaffnung vor Überfällen von Tschetschenen geschützt sind, leuchtet ein.

Diese Geschichte ist schon einige Jahre her. Gerade jetzt, als ich dieses Buch schreibe, gewinnt sie wieder an Aktualität. In den letzten Wochen entwickeln sich in Wien neue Rivalitäten und Kämpfe zwischen verschiedenen ethnischen Jugendgruppen. Diese werden zum Teil mit unglaublicher Brutalität ausgetragen. Es wird sich zeigen, wie sich Tschetschenen, Afghanen, Türken und Syrer im Herbst in der Schule verhalten werden, wenn ihre Kameraden gerade mit Waffen aufeinander losgehen oder vielleicht sogar der eine oder andere bereits mit von der Partie ist.

Polizei

Wir sitzen im gleichen Boot

Ich habe das Handy einer Schülerin bei mir liegen. Es ist ziemlich klar, dass auf diesem Handy etliche Inhalte sind, die auf dem Handy einer Jugendlichen nichts verloren haben. Ich verweigere dem Mädchen die Rückgabe des Handys mit dem Hinweis, dieses sei von der Mutter abzuholen.

Es dauert nicht lange, und die Mutter ruft an. Sie ist Polizeibeamtin und versucht mir zu erklären, dass ich kein Recht dazu hätte. Nach einem langen Gespräch mit ihrem

Vorgesetzten einigen wir uns schnell, dass wir im selben Boot sitzen. Lehrpersonen, Polizistinnen und Polizisten sollen für Ordnung sorgen, erhalten dafür aber immer weniger Kompetenzen. Der Fall dieses Handys ist schnell gelöst: Bei Verdacht auf nicht jugendfreie und gefährliche Inhalte habe ich nicht nur das Recht, sondern sogar die Pflicht, das Handy zu konfiszieren.

Die Polizeibeamtin kommt am nächsten Tag mit ihrer Tochter in die Schule, das Mädchen muss das Handy entsperren und es wird von ihrer Mutter und mir untersucht. Alle nicht jugendfreien Inhalte (es sind einige Hardcorepornos und Gewaltvideos zu finden) werden gelöscht. Die Mutter beschließt, das Handy ihrer Tochter regelmäßig zu überprüfen, bedankt sich bei mir und bietet mir an, ich könne sie immer anrufen, wenn ich etwas von der Polizei benötige.

Wir haben in der Folge oft miteinander telefoniert. Die Geschichte ist deshalb wichtig, weil wir, Polizei und Schule, uns immer wieder bewusst machen müssen, dass wir am gleichen Strang ziehen. Das passiert auch, und deshalb klappt die Zusammenarbeit fast immer hervorragend. Ich kann jedenfalls aus vielen Jahren Kontakt mit der Polizei nur Positives berichten.

Das Normverdeutlichungsgespräch

Turpal ist Tschetschene, er ist 15 Jahre alt, in seinem 9. persönlichen Schuljahr und somit noch schulpflichtig. In der Fachmittelschulklasse, der er zugeteilt ist, häufen sich die Probleme, bis es irgendwann so nicht mehr weitergehen kann.

Ich erhalte einen Anruf von der Bildungsdirektion, Turpal benötigt einen neuen Schulplatz. Sein Sündenregister am aktuellen Standort ist zu groß: Körperverletzung, Drogenhandel, Diebstahl, Raub, Erpressung etc. An seinem ersten Schultag an unserem Standort erscheint Turpal mit seiner Mutter. Ich erkläre ihm und seiner Mutter, wie ich mir unsere Zusammenarbeit vorstelle. Zweimal springt Turpal auf und läuft davon, zweimal entschuldigt sich seine Mutter und holt ihn zurück. Letztendlich erkennt er, dass er und damit auch seine Eltern außerhalb der Schule bereits genügend Schwierigkeiten haben und es vernünftiger ist, sich in der Schule ruhig zu verhalten.

In den darauffolgenden Tagen und Wochen gibt es keine Probleme in der Schule, Turpal hält sich an die Schulregeln. Manchmal ist er in der Klasse frech oder unbeherrscht, aber meist genügt eine Warnung von den Lehrpersonen, dass er dann bei mir in der Direktion erscheinen muss. Selten sehen wir uns tatsächlich bei mir in der Direktion. Unsere Gespräche sind dann kurz, ich erinnere ihn höflich, aber bestimmt an unsere Vereinbarung, und er entschuldigt sich für sein Verhalten, geht zurück in die Klasse und verhält sich unauffällig.

Eines Tages meldet sich die mir zugeteilte Grätzelpolizistin. Die Polizei hat den Auftrag, mit Turpal ein sogenanntes Normverdeutlichungsgespräch zu führen. Das ist ein Gespräch der Polizei mit strafrechtlich auffällig gewordenen Jugendlichen, bei dem diesen die Folgen ihres Verhaltens verdeutlicht und sie davor gewarnt werden. Wir vereinbaren einen Termin an einem Vormittag in der darauffolgenden Woche. Gabi, die Grätzelpolizistin, und ich arbeiten schon lange zusammen, wir verstehen uns gut, die Zusammenarbeit ist wechselseitig sehr unterstützend. Sie kündigt an, dass sie gemeinsam mit einem erfahrenen Kollegen kommen wird, der für die Durchführung solcher Gespräche im Bezirk zuständig ist.

Als die beiden zum Termin bei mir sind, lasse ich Turpal

aus der Klasse holen. Er kommt in die Direktion, sieht die beiden in Uniform und möchte wieder umdrehen. Mit Mühe gelingt es, dies zu verhindern. Das Gespräch soll beginnen, aber Turpal ist unglaublich aggressiv. Schließlich bittet mich Gabi, mit ihr die Direktion zu verlassen. Wir gehen hinaus und schließen die Tür. Der Beamte bleibt mit Turpal zurück. Für die nächsten zwanzig Minuten bin ich aus meiner Direktion ausgesperrt.

Am Gang erklärt mir Gabi die Situation: „Das haben wir öfters. Viele Tschetschenen sprechen nicht mit weiblichen Polizistinnen. Es geht nicht um dich, es ist klar, dass Turpal sich nicht beruhigen wird, solange ich im Raum bin." Wir plaudern, bis die Tür aufgeht und Turpal an uns vorbei zurück in die Klasse spaziert. Von mir verabschiedet er sich höflich.

Der Polizist erzählt, dass das Gespräch gut gelaufen sei und Turpal sehr einsichtig war. In Erwartung seiner Strafprozesse möchte er sich und seiner Familie weitere Probleme ersparen und keine schulischen Schwierigkeiten haben.

Mit Turpal gibt es in diesem Schuljahr keine Probleme mehr. Er ist regelmäßig in der Schule und erledigt seine schulischen Verpflichtungen so, dass wir ihm guten Gewissens ein positives Zeugnis ausstellen können. Seine Schulpflicht kann er also mit einem positiven Zeugnis abschließen. Es gibt keinen weiteren Kontakt, was strafrechtlich nach seinen Prozessen auf ihn zugekommen ist, weiß ich nicht.

Eigentlich ist das also eine harmlose Geschichte. Die Arbeit der Grätzelpolizistin und ihres Kollegen ist vorbildlich und deeskalierend. Aber: Ist es richtig, für die Deeskalation und die Gesprächsbereitschaft eines Jugendlichen zu akzeptieren, dass er sich weigert, mit weiblichen Exekutivbeamtinnen – und wahrscheinlich generell mit Frauen – zu sprechen? Oder kapituliert hier der demokratische Rechtsstaat mit seinem Verzicht auf Gleichbehandlung von Mann und Frau?

Raubüberfall endet in Diversion

Am Vormittag erscheint ein Polizeibeamter in Zivil bei mir in der Schule. Er bittet mich um Unterstützung, es gab einen Raubüberfall und einer der Zeugen sei ziemlich sicher Schüler in einer meiner vierten Klassen. Nach einiger Überlegung beschließen wir, dass ich alle Burschen der Klasse einzeln zu mir in die Direktion bitte, sodass am Ende niemand weiß, was die jeweils anderen erzählt haben. Vom Polizisten wird jeder fotografiert. Janos, ein blonder Bursche aus Polen, passt genau auf die Personenbeschreibung des gesuchten Zeugen. Er gibt zu, vom Raubüberfall zu wissen und den Täter zu kennen, er selbst war nicht dabei. Als er sicher sein kann, dass seine Aussagen von den Mitschülern nicht auf ihn bezogen werden können, erzählt er uns von dem Vorfall. Shahedullah, ein Schüler der gleichen Klasse, habe dem Opfer gedroht, es geschlagen und gedemütigt und ihm schließlich etwa 200 Euro abgenommen. Es werden andere Klassenkameraden befragt, irgendwann auch Shahedullah. Er weiß nicht, wovon wir sprechen, den Ort des Überfalls kennt er nicht. Später werden die Fotos dem Opfer gezeigt, einem Burschen aus Niederösterreich, der bei Verwandten zu Besuch ist, als er überfallen wird. Shahedullah wird eindeutig identifiziert, die Aussage von Janos wäre gar nicht nötig gewesen. Als Täter vorgeladen, kann Shahedullah sich dann doch erinnern. Ja, er habe die Tat begangen, es tue ihm sehr leid. Beim Opfer wolle er sich entschuldigen und die 200 Euro zurückgeben. Es wird Diversion (Wiedergutmachung) angeboten und angenommen. Shahedullah hat keine weiteren Konsequenzen zu befürchten, es gibt auch keine Eintragung in seine Polizeiakte.

„Was machst du schon wieder in Floridsdorf?"

Eigentlich hat der Tag ruhig begonnen, als ein Anruf kommt, ein kleiner Bub würde in unserer Gasse mit einer Pistole in der Hand herumlaufen. Wir schauen nach, sehen aber niemanden. Es folgen weitere Hinweise von Anrainern, einem ehemaligen Kollegen, der mit dem Fahrrad vorbeigefahren ist, und anderen. Der Inhalt ist immer der gleiche: Ein kleiner Bub mit Pistole! Immer wieder schauen wir nach, können aber niemanden entdecken.

Ich sitze gerade in der Direktion, als mich ein dringender Anruf wegen einer Sportveranstaltung erreicht. Der Kollege, der am Telefon verlangt wird, befindet sich im Turnsaal. Ich bitte die Kollegin, die im Lehrerzimmer sitzt, ihn zu holen und ihn in der Zwischenzeit im Turnsaal zu vertreten. Sie geht hinunter, kommt kurz darauf in Begleitung eines Burschen, nicht älter als höchstens zwölf, mit einer Pistole in der Hand zurück. „Ich bin nicht einmal bis zum Turnsaal gekommen. Ich weiß auch nicht, was in mich gefahren ist. Da läuft im Erdgeschoss dieser junge Mann herum mit einer Pistole in der Hand. Ich habe ihm die Pistole abgenommen und ihn mitgebracht."

Ich lege die Pistole unerreichbar für den Burschen ab und fordere ihn auf, sich zu setzen. Nachdem ich die Polizei angerufen habe und alle Türen verschlossen sind, beginnen wir, den Burschen zu befragen, denn er ist nicht aus unserer Schule: „Wo gehst du in die Schule?" – „In eine andere Schule!" – „Wo wohnst du?" – „In einem Haus!" – „Welchen Namen hast du?" – „Einen anderen!"

Ich gebe auf und sitze schweigsam da. Die Tür wird von außen aufgesperrt, der Schulwart bringt zwei Polizeibeamte zu mir. Beim Betreten der Direktion schaut einer der Beamten auf den Burschen und ruft erstaunt: „Darko, was machst du in Floridsdorf? Wir haben dir doch schon so oft erklärt, dass du hier nichts verloren hast!"

Darko gibt keine Antwort, ich schaue verblüfft. Der Polizist erklärt: „Darko wohnt eigentlich im sechzehnten Bezirk. Er hat Freunde hier und wollte anscheinend jemanden besuchen. Wo er auftaucht, gibt es nur Probleme, aber er ist zu jung, und wir können nichts unternehmen. Wir nehmen ihn mit, sein Vater muss ihn bei uns abholen. Wenn er wieder auftauchen sollte, geben Sie uns sofort Bescheid."

Die Beamten nehmen Darko mit, ich habe ihn nie wiedergesehen. Vom Vater eines unserer Schüler, der oft abgängig ist, erfahren wir, dass Darko Mitglied einer Gruppe Jugendlicher ist, mit denen sich auch sein Sohn herumtreibt. Einige Wochen später hören wir, Darkos Vater sei nach Serbien abgeschoben worden. Da es keine anderen Verwandten gäbe, habe Darko mit ihm ausreisen müssen.

„Das sind sicher meine beiden"

Eine Kollegin kommt in der Früh in die Schule und zeigt mir einen Artikel aus einer Gratiszeitung: Ein Somalier und ein Österreicher wollten in die Filiale einer Fastfoodkette in Floridsdorf einbrechen, haben sich dabei aber sehr ungeschickt angestellt, dass sie erwischt wurden. „Das waren sicher Mohammed und Stefan, niemand anderer verhält sich so dumm, wie hier beschrieben." Die Freundschaft und die naiven, teils kriminellen Aktionen der beiden würden ein eigenes Buch füllen. Später haben wir herausgefunden, dass der Tipp nur halb richtig war: Mohammed war tatsächlich dabei, er hatte aber einen neuen Freund als Komplizen. Stefan war es diesmal nicht.

Opferschutz vor Täterschutz: ein wichtiges Grundprinzip

Die Freiheit des Einzelnen endet dort, wo sie die Freiheit der anderen einschränkt. Oder: Die Rechte des Täters enden dort, wo sie die Rechte der Opfer einschränken.

Opferschutz vor Täterschutz ist ein wichtiges Prinzip, das insbesondere in den Schulen wieder mehr ins Zentrum gerückt werden muss. Vorfälle, die aufgrund schockierender Handlungen jugendlicher Täter in die Medien gelangt sind, werden in der Öffentlichkeit zu Recht heftig diskutiert. Oft entsteht dabei der Eindruck, dass den Recherchen nach den Ursachen und Motiven der Täter wesentlich mehr Aufmerksamkeit geschenkt wird. Wir machen uns mehr Gedanken, wie es wohl den Tätern geht und wie man ihnen helfen könnte.

Präventionsforschung ist zweifellos richtig und wichtig. Meiner Beobachtung nach stehen aber bei diesen Diskussionen die Opfer, wie sie sich fühlen und wie man für sie wieder einen sicheren Raum in der Schule schaffen kann, viel zu wenig im Fokus. Kinder haben das Recht auf Sicherheit in der Schule, Eltern haben das Recht, der Schule zu vertrauen, dass ihre Kinder dort gut aufgehoben und in Sicherheit sind. Kinder haben auch das Recht auf einen positiven und möglichst störungsfreien Lernraum.

Wer diese Rechte anderer dauerhaft beeinträchtigt, kann aus meiner Sicht nicht mehr an diesem gemeinsamen Raum teilnehmen. Auf die Schulen übertragen, sind es in diesem Fall die Regelschulen. Zusammenleben besteht aus Rechten, aber auch aus Pflichten. So wie in jedem Sport auf dauerhafte oder extreme Nichteinhaltung die rote Karte folgt, so sollte es auch in der Schule sein.

Daher kann die zentrale Frage nicht lauten, wie man dem

Täter helfen kann und welche Rechte er hat (speziell dafür eingerichtete Stellen mit dementsprechend ausgebildetem Personal natürlich ausgenommen). Oberste Priorität muss die Antwort auf die Frage sein, wie man allen „anderen“ Sicherheit und Schutz bieten kann. Wenn es dafür notwendig ist, die Täter aus dem entsprechenden Raum „auszusperren“, dann ist es eine Verpflichtung der Gesellschaft, dies im Sinne der Sicherheit und des Wohlbefindens der Mehrheitsgesellschaft zu tun. Die Freiheit des Einzelnen endet dort, wo sie die Freiheit der anderen bedroht. Das Schulsystem muss somit jenen, die ständig und ohne Aussicht auf Besserung verhindern, dass die Mehrheit der Schülerinnen und Schüler friedlich und freudvoll miteinander lernen und Schule positiv und angstfrei erleben können, einen alternativen Lernraum bieten. Das Recht auf Bildung in der Regelschule hat Grenzen. Das Werben bei den Opfern um Verständnis für die Täterinnen und Täter muss ein Ende haben. Fragen wie: „Aber was passiert dann mit den Täterinnen und Tätern?“ oder „Verbauen wir ihnen mit harten Sanktionen ihre Zukunft?“ sind letztlich unzulässig als Lösungsansatz und unfair gegenüber allen, die unter diesen kriminellen Handlungen zu leiden hatten und haben.

In erster Linie geht es darum, dass die Täterinnen und Täter nicht mehr andere zu Opfern machen dürfen. Natürlich ist es notwendig, sich Settings, wie zum Beispiel den Ausbau und die Finanzierung spezieller Klassen und Schulen, zu überlegen. Man kann diese Kinder nicht einfach auf die Straße setzen, aber der Antrieb und der erste Gedanke muss wieder jenen gelten, die nicht Täter, sondern Opfer sind. Leider gibt es viele Beispiele, bei denen letztendlich die Opfer die Konsequenzen zu tragen hatten, indem sie die Schule wechselten oder die Eltern gar einen Wohnortwechsel in Erwägung ziehen mussten.

Die Lehrpersonen haben leider viel zu wenige Möglichkeiten, Fehlverhalten zu sanktionieren. Bei manchen Kindern würde schon die Sanktionsmöglichkeit ausreichen, um sie zu korrektem Verhalten anzuleiten. Wenn sie jedoch wissen, dass ihnen eigentlich nichts passieren kann, sinkt die Hemmschwelle.

Man könnte daher über folgende konkrete Vorschläge und Sanktionsmaßnahmen nachdenken, die auch rasch umgesetzt werden könnten: zum Beispiel die Vergabe von Verhaltensnoten in jeder Schulstufe, auch in den Abschlussklassen, sowie im 9. und 10. persönlichen Schuljahr in der Pflichtschule. Aktuell ist es so, dass es grundsätzlich in der achten Schulstufe der Mittelschule keine Verhaltensnoten gibt. Ist ein Schüler, eine Schülerin in einer zweiten oder dritten Klasse, aber bereits im neunten oder zehnten persönlichen Schuljahr, so gibt es ebenfalls keine Verhaltensnote mehr, damit ihnen der Einstieg ins Berufsleben nicht erschwert wird. Auch Fehlzeiten dürfen aus diesem Grund nicht mehr im Zeugnis vermerkt werden. Neue Beurteilungskategorien neben dem Verhalten, wie zum Beispiel „Arbeitshaltung" oder Ähnliches, hielte ich persönlich ebenfalls für diskussionswürdig. Die Herabsetzung der Strafmündigkeit auf zwölf Jahre wird ja bereits in Betracht gezogen.

Es braucht einfach Mechanismen, die es Schulleiterinnen und Schulleitern in Zusammenarbeit mit den entsprechenden Behörden ermöglicht, Täterinnen und Täter bei bestimmten Delikten, wie sexueller Nötigung, extremer Gewalt und Ähnlichem, der Schule zu verweisen, ohne Anspruch des Täters auf einen Schulplatz in einer anderen Regelschule.

Suspendierungen

Jennifer terrorisiert die Klasse

Jennifer ist aufgrund von Vorfällen in der Familie und ihrer generellen privaten Situation sehr belastet. Entsprechend schwierig und auch immer wieder aggressiv verhält sie sich in der Schule. Trotz vieler Gespräche auch mit den Eltern gibt es immer öfter Zwischenfälle. Sie reagiert häufig mit Bedrohungen und körperlicher Gewalt und auch mit Respektlosigkeit, teilweise Beschimpfung von Lehrpersonen.

Eines Tages attackiert Jennifer nach Unterrichtsschluss eine Mitschülerin. Sie bedroht, beschimpft und stößt sie. Anschließend zieht sie die Mitschülerin derart an den Haaren, dass diese zu Boden geht. Zu Hause klagt die angegriffene Schülerin über Kopfschmerzen.

Am gleichen Nachmittag haben beide Mädchen Nachhilfe der VHS im Schulgebäude. Während dieser Nachhilfe bedroht Jennifer ihre Mitschülerin erneut, beschimpft sie („Fotze“) und kündigt ihr an, sie wieder zu schlagen, wenn sie wegen des Vorfalls Schwierigkeiten bekommt.

Erst tags darauf kann ich den tatsächlichen Hergang durch Gespräche mit allen Beteiligten klären. Die anschließende Suspendierung bringt Ruhe in die Klasse.

Nach dem Ende der Suspendierung und Jennifers Rückkehr in die Klasse dauert es ein paar Wochen, bis die Probleme wieder beginnen, und zwar fast täglich. Ein Schulwechsel ist nicht möglich, da es in dieser Schulstufe keine freien Schulplätze im Bezirk gibt. Er würde die Schwierigkeiten auch nur an einen anderen Standort verlagern.

„Egal, ich stech Direktor ab"

Ein befreundeter Direktor aus dem Bezirk ruft mich an. Ein Schüler aus seiner Schule ist nicht mehr tragbar, Mitschüler fürchten sich, Lehrpersonen sind hilflos. Er bittet mich um Hilfe.

Wir haben noch einen Platz in einer zweiten Klasse frei. In der Hoffnung, der Umgebungswechsel hilft, wird Aleksandar an unsere Schule übersiedelt. Er selbst ist damit nicht einverstanden. Als er an einem Freitag erfährt, dass er sich am darauffolgenden Montag in der Früh bei mir zu melden hat, schreibt er in eine WhatsApp-Gruppe seiner Klasse folgende Nachricht: „Egal, ich stech Direktor ab". Unterstrichen wird dies mit dem Foto eines Messers, von dem Blut tropft.

Am Montag erscheint er pünktlich vor 8:00 Uhr mit seiner Mutter bei mir in der Direktion. In einem Gespräch erkläre ich ihm streng, wie ich mir sein Verhalten in unserer Schule vorstelle, seine Mutter ist dankbar für die neue Chance, die ihrem Sohn geboten wird.

Kurz nachdem ich mich von der Mutter verabschiedet und Aleksandar in die Klasse gebracht habe, bekomme ich obengenannte Nachricht weitergeleitet. Ich hole Aleksandar wieder in die Direktion und zeige ihm die Nachricht. Er reagiert völlig emotionslos, daher teile ich ihm ebenfalls emotionslos mit, dass er nun für zwei Wochen vom Schulbesuch ausgeschlossen wird, und rufe die Mutter an, sie möge bitte wieder zurückkommen, um ihren Sohn abzuholen. Die Suspendierung wird erwartungsgemäß wegen gefährlicher Drohung genehmigt, zusätzlich erstatte ich Anzeige bei der Polizei.

Aleksandar ist vorerst unbeeindruckt. Gleich nachdem er wieder in die Schule kommen darf, setzt er sein problematisches Verhalten fort: Am Beginn einer Unterrichtsstunde droht er dem Klassenvorstand mit der Faust und den Worten: „Halt die Fresse, du Fotze!“ Er weigert sich im Anschluss, zu mir in die Direktion zu kommen, sodass ich ihn aus der Klasse holen muss. Es folgt eine weitere Suspendierung.

Langsam erkennt Aleksandar, dass seine Verhaltensweisen in der Schule nicht akzeptiert werden. Mit vielen Interventionen und zahlreichen Gesprächen mit der Mutter, der einen oder anderen weiteren Suspendierung und mehreren Anzeigen bei der Polizei bleibt er an unserer Schule, bis er seine Schulpflicht ohne Abschluss in der vierten Klasse beendet.

Damit er nicht noch eine weitere Klasse und noch jüngere Kinder mit seinem Verhalten belasten kann, bemühen wir uns, dass er in die jeweils nächste Klasse aufsteigen darf. Außerhalb der Schule begeht er aber etliche Delikte, die ihm auch Vorstrafen einbringen.

Eines Tages ruft mich Aleksandars Mutter an. Obwohl es leider letztlich nicht gelungen ist, ihn zu einem Abschluss zu bringen, bittet sie mich um Aufnahme ihrer Tochter. Sie ist überzeugt, dass wir uns gut um sie kümmern werden. Dadurch erfahre ich, dass Aleksandar nach einigen unerfreulichen Stationen, auch im Jugendgefängnis, nun aber eine Lehre mache und auf einem guten Weg sei.

Suspendierungen sind keine Disziplinarmaßnahme

Eine Suspendierung ist ein Ausschluss vom Schulbesuch auf Zeit. Diese Maßnahme ist vergleichbar mit einer Wegweisung und dient dem Schutz der anderen Kinder, der Lehrpersonen und dem Inventar bei einer akuten Gefährdung. Eine Suspendierung muss bei der Rechtsabteilung der Bildungsdirektion angesucht werden, diese entscheidet dann, ob und für welche Dauer (maximal vier Wochen) sie verhängt wird. Sie ist nicht als Disziplinarmaßnahme oder als Strafe anwendbar.

Daher ist die immer wieder veröffentlichte Anzahl an Suspendierungen nur bedingt eine Kennzahl für den Grad der Gewaltvorkommen in den Schulen. Dasselbe gilt für polizeiliche Anzeigen. Viele Vorfälle mit Gewalt in der Schule werden geregelt, ohne eine Suspendierung zu beantragen (abgeschlossener Streit, keine weitere Bedrohungslage) und ohne polizeiliche Anzeige zu erstatten. Viele Gewaltvorfälle passieren auch oft außerhalb der Schule. Schüler verabreden sich zum Beispiel für eine Auseinandersetzung im nahegelegenen Park. Der Satz „Machen wir eins eins!", bedeutet dann, dass ein großer Teil der Schüler, im Kreis stehend, den Kämpfenden zuschaut und sie mitunter auch anfeuert. Am nächsten Tag erfährt man in der Schule davon, kann aber nichts tun, weil es nicht in die Kompetenz der Schule fällt. Auch die manchmal eingeschaltete Polizei hat letztlich außer einem „strengen Gespräch" keine Handhabe, denn zumeist sind die Beteiligten unter 14 Jahren.

6. SPEZIELLE GEWALT

Mobbing

Warum Stevan nicht in die Schule kommt

Stevan kommt kurz vor Ende des ersten Semesters aus dem Gymnasium zu uns. In den vierten Klassen ist nur in einer sehr schwierigen Klasse Platz für ihn frei. Die Eltern sind froh, einen Schulplatz für ihren Sohn gefunden zu haben. Am Beginn des zweiten Semesters fehlt Stevan, er wird wegen Krankheit entschuldigt. Einmal ist er in der Schule, bald darauf fehlt er aber wieder, und das setzt sich bis zu den Osterferien fort. Nach den Osterferien taucht Stevan wieder nicht auf. Wir erreichen die Eltern, sie sind überrascht und kommen sofort am nächsten Tag in der Früh gemeinsam mit Stevan in die Schule.

Im Gespräch erklärt Stevan, dass er geschwänzt hat, weil er in der Klasse Probleme hat. Er hat sich nicht getraut, dies uns oder den Eltern zu erzählen. Da der Klassenvorstand erst um 10:00 Uhr mit dem Unterricht beginnt, bitte ich die Eltern, um diese Zeit wiederzukommen. Im anschließenden Gespräch mit Stevan, seinen Eltern, dem Klassenvorstand, der Beratungslehrerin und mir (so eine große Runde nennen wir dann Helferkonferenz) kommt einiges ans Tageslicht:

Einer der Gründe für sein Fehlen ist das Mobbing in der Klasse. Das stellt sich so dar: Mirko und Stanislav erpressen ihn ständig, ihnen Geld zu geben, Hussein fasst ihm immer an den Nacken und schlägt dann seinen Kopf auf den Tisch, Hadi verfolgt ihn mit einer Schere in der Hand und droht, ihm die Haare abzuschneiden, während Muhamad ihn zwingt, ihm seine Hausübungen zu überlassen, damit er sie als seine abgeben kann.

Stevan erzählt noch ein paar weitere Details, aber das, was wir bisher gehört haben, reicht schon aus. Ich erkläre den Eltern nochmals nachdrücklich, dass Stevan immer in der Schule zu sein hat, wenn er seinen Abschluss nicht gefährden möchte, bei jeder Bedrohung soll er aber zu mir kommen. Dann beenden wir die Helferkonferenz. Nach einer Besprechung mit dem Klassenvorstand holen wir uns die Täter in der letzten Stunde in die Direktion.

Es dauert eine Weile, aber dann erkennen die jungen Männer, dass Leugnen sinnlos ist, und gestehen ihre Taten. Unter den Tätern sind auch einige, die durchaus Chancen auf einen guten Abschluss haben. Sie ausgerechnet in der Abschlussklasse für einige Wochen zu suspendieren, hätte fatale Folgen. Ich entscheide mich daher für eine strenge Verwarnung mit der Information, dass jede weitere noch so kleine Tat zu einer polizeilichen Anzeige mit entsprechenden Konsequenzen (alle sind über vierzehn und daher strafmündig) sowie einer Suspendierung von möglichst langer Zeit führen würde. Die Eltern werden darüber ebenfalls informiert.

Die Warnungen zeigen Wirkung. Mit Ausnahme von Muhamad bemühen sich alle in den letzten Wochen, nicht mehr negativ aufzufallen. Muhamad beendet seine Schulkarriere ohne Schulabschluss, alle anderen mit teilweise recht ordentlichen Zeugnissen.

Es kommt uns zu Ohren, dass Stevan am Zeugnistag für seinen Verrat abgestraft und nach der Schule verprügelt werden soll. Da wir nach der Zeugnisverteilung keine Konsequenzen mehr setzen könnten, entlassen wir Stevan in Absprache mit dem Klassenvorstand und den Eltern bereits 20 Minuten früher in die Ferien als die anderen. Daher ist er schon daheim, wenn seine Peiniger das Schulhaus verlassen.

Sexualisierte Gewalt

Es gibt viele Geschichten über sexuelle Gewalt, sei es Bedrohung oder tatsächliche Übergriffe innerhalb der Klasse oder der Schule. Da dies meistens nicht direkt in der Schule passiert, wissen wir es oft nicht. Wir erfahren es zufällig oder weil der Leidensdruck der Opfer, zumeist Mädchen, so groß wird, dass sie irgendwann doch mit uns darüber sprechen.

Suzana

Vor einiger Zeit wurde mir ein Mädchen während des Schuljahres in eine dritte Klasse zugewiesen. Suzana kam mit relativ guten Noten aus einem Gymnasium, bei uns ist sie eine brave, ordentliche, aber sehr in sich gekehrte Schülerin. Sie findet nicht wirklich Anschluss in der Klasse. Weder das Verhalten noch die Schulleistungen erklären den Schulwechsel.

Eines Tages kommt eine Kollegin zu mir in die Direktion und bittet um ein vertrauliches Gespräch. Sie erzählt mir, dass sie über mehrere Ecken den Grund von Suzanas Schulwechsel erfahren hat: Suzana hatte mit einem Mitschüler sexuellen Kontakt. Ehrlich gesagt, weiß ich nicht mehr, ob dies freiwillig oder unter Druck oder gar unter Zwang passiert war. Jedenfalls wurde der Akt mitgefilmt und das Video in der Schule verbreitet. Da es keinen schulischen Tatbestand gab, ging der Bursche weiter in die gleiche Schule. Weil aber nun viele dieses Video kannten, wurde Suzana empfohlen, die Schule zu verlassen.

Katarina und Abdul

Einen ähnlichen Fall gab es auch an unserer Schule:

Abdul, ein afghanischer Bursche, ist verliebt in Katarina. Katarina findet Abdul nett, verliebt ist sie jedoch nicht, und für eine Beziehung fühlt sie sich zu jung.

Irgendwann im Frühjahr der dritten Klasse beschließt Abdul, dass Katarina ihm gehört. Ab diesem Zeitpunkt wird sie streng kontrolliert. Sie darf nicht mit anderen Burschen sprechen. Abdul ist stärker als die anderen Burschen in der Klasse, seine Forderungen werden ohne Auflehnen akzeptiert. Am Schulweg begleitet er sie oft, holt sie von ihrem Haus in der Früh ab. Manchmal kann sie sich dagegen wehren, dann beobachtet er sie heimlich.

Katarina mag Abdul immer noch, aber langsam wird es ihr zu viel. Trotzdem trifft sie sich in den Sommerferien einige Male mit ihm. Bei einem dieser Treffen gehen die beiden auf der Donauinsel spazieren. Abdul wird zudringlich, Katarina muss mit aller Kraft einen Übergriff abwehren.

In der vierten Klasse verschlechtert sich die Situation weiter, sodass es schließlich der Klassenlehrerin auffällt. Diese kommt mit der Bitte um Unterstützung zu mir. Wir treffen die Entscheidung, dass Abdul in eine andere vierte Klasse versetzt wird. Diese Klasse befindet sich in einem anderen Stockwerk.

Abdul wird es streng verboten, das Stockwerk zu wechseln oder sich Katarina sonst irgendwie zu nähern. Ein Schulverweis oder ein erzwungener Schulwechsel ohne Einverständnis von Abduls Mutter ist nicht möglich. Es gibt viele Gespräche, sowohl mit Katarinas als auch Abduls Eltern. Mit viel Aufwand gelingt es uns schlussendlich, dass beide ihren Schulabschluss ohne weitere Eskalationen machen können.

Melanie weiß nicht, was in der Nacht passiert ist

Melanie und Vedrana sind gute Freundinnen. Gemeinsam schwänzen sie Schule, gemeinsam lernen sie dabei Freunde kennen, die keinen guten Einfluss auf sie haben. Die Eltern beider Mädchen sehen die Schuld bei der jeweils anderen. Schließlich entscheiden sich Melanies Eltern zu einem Schulwechsel für ihre Tochter.

Das gelingt, Melanie versucht einen Neustart in einer anderen Schule, allerdings verändert sich wenig. Die beiden Mädchen verbleiben in der gleichen Clique, beide sind selten in ihren Schulen, und immer wieder sind sie auch über Nacht abgängig.

Eine Zeit lang versucht Vedranas Mutter, sie täglich in die Schule zu bringen, oft kommt sie jedoch ohne ihre Tochter, um mir dann zu erzählen, dass Vedrana in der Nacht nicht heimgekommen sei. Manchmal bringt sie sie erfolgreich, aber nach zwei oder drei Stunden muss ich sie wieder anrufen, um sie zu informieren, dass ihre Tochter die Schule wieder unerlaubt verlassen hat.

Auch andere Mädchen aus unserer Schule haben zu den beiden Kontakt, sodass wir immer wieder Informationen über die neuesten Entwicklungen erhalten. Meistens sind es keine guten Nachrichten.

In den Medien schockierte einst der Fall eines über Monate sexuell missbrauchten Mädchens in Favoriten die Öffentlichkeit. Zur Erinnerung: Als sich das Mädchen nach Monaten öffnete und ihre Eltern Anzeige erstatteten, waren die noch nicht strafmündigen Täter schnell wieder auf freiem Fuß. Letztlich entschied sich (laut Medien) die Familie des Opfers, aus Wien wegzuziehen, um nicht mit den Tätern in Kontakt kommen zu müssen.

Ähnliches ist auch Melanie widerfahren, wie wir erfahren. Sie geht eines Abends mit einem jungen Mann mit in dessen Wohnung. Für Melanie nichts Besonderes, war sie doch öfter über Nacht in irgendeiner fremden Wohnung statt daheim. Diesmal aber ist es anders: Melanie trinkt noch etwas, dann kann sie sich an nichts mehr erinnern, was in dieser Nacht geschehen ist. Als sie aufwacht, befinden sich mehrere junge Männer in der Wohnung, und sie hat Schmerzen im Unterleib.

Wir lernen daraus: Der Fall des Mädchens Leonie, das an einer Überdosis Drogen starb, nachdem sie sexuell missbraucht worden war, der oben genannte Fall aus Favoriten und die Geschichte von Melanie, das alles sind keine Einzelfälle.

Mahmoud benimmt sich Mädchen gegenüber respektlos

Mahmoud wurde bereits in der Vergangenheit immer wieder gewalttätig und belästigte Mädchen sexistisch. Trotz mehrmaliger Ermahnungen, Zurechtweisungen und Elterngesprächen besserte sich die Situation nicht.

Sein Umgang mit Mädchen äußert sich in folgendem Vorfall: Er geht in der Pause auf ein Mädchen zu und sagt zu ihr Sätze wie „Ich hebe deinen Rock auf und ficke dich." Trotz Beschwerden der Mädchen bei Lehrpersonen und entsprechender Zurechtweisungen verändert er sein Verhalten nicht, insbesondere von Lehrerinnen lässt er sich nichts sagen.

Gewalt und Unterstellungen gegenüber Lehrpersonen

Vorfall in der Unterrichtsstunde

In einer zweiten Klasse ist gerade Unterricht. Trotz Handyverbots und vor allem der besonders strengen Regel, dass ohne Erlaubnis einer Lehrperson in der Schule nicht gefilmt und nicht fotografiert werden darf, richtet Kerim kurz vor dem Ende der Stunde sein Handy auf den Lehrer und sagt: „Herr Lehrer, ich mache Foto!" Er schaltet die Taschenlampe am Handy ein und aus, um den Eindruck zu erwecken, er würde mit Blitz fotografieren.

Der Lehrer fordert den Schüler höflich auf, dies zu unterlassen, da es verboten sei und auch er persönlich nicht wünsche, dass Fotos von ihm gemacht werden. Kerim ist unbeeindruckt und wiederholt diese Aktion. Diesmal fordert der Lehrer ihn, wie vorgesehen, auf, ihm das Handy auszuhändigen, um es in die Direktion zu bringen. Kerim verweigert dies. Der Lehrer versucht, Kerim das Handy abzunehmen, um weitere Fotos zu verhindern. Kerim zieht jedoch seine Hand zurück und steckt das Handy schnell in die Hosentasche. Wiederholt folgt die Aufforderung, das Handy auszuhändigen, aber Kerim verweigert dies und läuft aus der Klasse. Der Kollege kommt zu mir in die Direktion und berichtet mir von dem Vorfall, wir setzen keine weiteren Maßnahmen.

Später behauptet Kerim, der Lehrer hätte ihn mit der Faust ins Gesicht geschlagen. Die Mutter nimmt Kontakt mit mir auf, erzählt mir von dem Vorfall und bleibt beim Standpunkt, dass sie der Darstellung ihres Sohnes vertraut und seine Darstellung als den Tatsachen entsprechend ansieht. Sie fordert mich auf, etwas gegen die Lehrperson zu unternehmen.

Bei meinen Nachforschungen bestätigen Mitschülerinnen und Mitschüler den Bericht des Lehrers. Als der Vorfall auch im Lehrerzimmer thematisiert wird, erinnern mich zwei Kollegen, dass Kerim auch im Vorjahr bereits einem anderen Kollegen fälschlicherweise unterstellt hatte, ihn geschlagen zu haben.

Versuche, mit der Mutter zu kooperieren, scheitern. Letztlich wechselt Kerim die Schule, eine weitere Zusammenarbeit mit Mutter und Kind wäre sehr schwierig gewesen.

Halima attackiert aus Spaß einen Lehrer

Eigentlich ist es ein ganz normaler Schultag. Da es regnet, gibt es keine Hofpause. In der großen Pause ist also viel los am Gang. Halima, ein aufgewecktes Mädchen einer vierten Klasse, möchte mit einem Lehrer blödeln. Sie sieht ihn an, spannt ein Gummiringerl und ruft: „Herr Lehrer, ich schieße Sie mit Gummi ab!" Ob es tatsächlich ihre Absicht war, lässt sich nicht feststellen, jedenfalls fliegt das Gummiringerl tatsächlich in das Gesicht des Lehrers.

Dieser hat offenbar nicht den gleichen Humor und fordert Halima zu ihrer Überraschung auf, sie in die Direktion zu begleiten. Für Halima klingt das nach Schwierigkeiten, die möchte sie vermeiden, daher weigert sie sich. Die Lehrperson versucht, sie an der Hand zu nehmen, worauf Halima sich auf den Boden fallen lässt und gegen die Lehrperson tritt.

Kinder holen mich, um den Tumult aufzulösen. Mit mir kommt Halima mit, der Vorfall wird in der Direktion und in weiterer Folge mit dem Vater besprochen.

7. ISLAM ALS HERAUSFORDERUNG IN DER SCHULE

Der Islam, die Religion Islam oder die Ideologie des Islam, die islamische Lebensweise, die islamische Identität sind in der Schule inzwischen ein allgegenwärtiges Thema. Es ist wichtig, bei diesem Thema zwischen der islamischen Lehre, der islamischen Tradition und einzelnen Personen islamischen Glaubens oder Herkunft zu unterscheiden.

Meiner Meinung nach ist es im Umgang mit Menschen, die dieser Glaubensrichtung angehören, notwendig, sich mit der islamischen Lehre insgesamt zu beschäftigen, um diese auch verstehen zu können. Denn nur so kann man im Anlassfall entscheiden, ob ein Problem mit den betreffenden Personen gelöst werden kann oder ob die Ursache in der islamischen Lehre selbst zu finden ist.

Die islamische Lehre besteht aus drei Teilen, dem Koran, der Sira (Mohammeds Biografie) und den Hadithen (Mohammeds Traditionen).

Es ist wichtig zu wissen, dass die Suren des Koran nicht zeitlich, sondern nach ihrer Länge geordnet sind, bei Widersprüchen gilt aber der spätere Text und ersetzt den früheren. Um den Koran in seinen Widersprüchen richtig lesen zu können, muss man die zeitlichen Zuordnungen der Suren zu Mohammeds Leben kennen. Nur dann versteht man, welcher Inhalt in welcher Situation gilt und welche Regel als spätere die frühere ersetzt.

Das Kopftuch und seine Bedeutung

In den letzten Jahren ist zu beobachten, dass immer mehr islamische Mädchen auch in der Schule ein Kopftuch tragen. In jüngerer Zeit wird auch das Tragen des islamischen Kleides, der Abaya, kombiniert mit dem Hijab, einem Umhang, der den Kopf und die Schultern locker hängend verhüllt, das Gesicht eng umrandet freilässt, immer häufiger. Manche ziehen auch immer wieder den Niquab von unten über das Kinn, auf der Straße mitunter auch über die Nase. Das Verhüllen des Gesichts ist in Österreich aufgrund des Vermummungsverbotes aber nicht erlaubt.

Passt all das in unsere liberale westliche Gesellschaft?

Der bekannte Wissenschaftler Ebrahim Afsah hat vor Kurzem bei einer Veranstaltung eine interessante Definition von Rassismus dargelegt:

„Rassismus ist Ablehnung oder Vorurteile gegenüber angeborenen und damit unveränderbaren Fakten wie Hautfarbe, Größe, Statur, Körperform, Geschlecht und Ähnlichem. Etwas zu kritisieren, nicht zu mögen oder nicht gut zu finden, das veränderlich ist, ist kein Rassismus und daher erlaubt. Das islamische Kopftuch ist nicht angeboren. Es nicht zu mögen oder abzulehnen ist daher kein Rassismus und im Rahmen der Meinungsfreiheit.“

Die Kleidung in der Schule, Vollverschleierung auf der Straße

Vor einigen Jahren noch beschäftigte uns in der Schule, wenn Mädchen plötzlich mit Kopftuch in die Schule kamen, ob sie dies tatsächlich freiwillig tun oder ob sie durch den Vater, den Bruder oder vielleicht jemanden im Bekannten- oder Freundeskreis dazu gezwungen werden.

Jetzt stolzieren Mädchen und junge Frauen mit Abaya und Hijab über die Straßen und über die Gänge in den Schulen, motiviert durch Hijab-Influencerinnen in TikTok.

Eine wichtige Funktion des Schleiers ist, sich damit als Muslima zu erkennen zu geben, um damit von Muslimen anders behandelt zu werden als nichtmuslimische Frauen und Mädchen.

Warum tragen plötzlich mehrere Mädchen Kopftuch?

Es ist mehr als ein Jahr her, da ruft mich Walter, ein Kollege aus einem anderen Bezirk, an. Er ist Klassenvorstand einer zweiten Klasse in einer Mittelschule. Es gab einen sexuellen Übergriff von einem Burschen in seiner Klasse auf eine Klassenkameradin, der Tatort war eine Hauseinfahrt außerhalb der Schule. Der Täter war unter vierzehn, daher gab es strafrechtlich keine Folgen für ihn, vielleicht ein strenges Gespräch mit Polizei und Jugendamt im Beisein der Eltern.

Walter fragte mich, ob es korrekt von seiner Schulleitung sei, dass es auch in der Schule keine Konsequenzen gab, weil die Tat außerhalb der Schule geschehen war. Ich hätte es anders gemacht, aber rechtlich sei dies korrekt, war meine Antwort. Eine Suspendierung ist nur für Taten und Gefährdung von anderen Personen im Schulbereich möglich, und auch dann wäre der Täter nach vier Wochen wieder in die Klasse zurückgekehrt.

So musste das überfallene und beinahe vergewaltigte Mädchen weiter mit ihrem Peiniger jeden Tag in der Klasse sitzen und sich unter solchem Druck auf Schule konzentrieren. Nur kurze Zeit später rief Walter mich wieder an. Er hatte gerade Unterricht in seiner Klasse. „Ich komme in die Klasse, und da sitzen fünf Mädchen mit Kopftuch, die gestern noch keines getragen haben. Du kennst dich da aus. Was ist da los?“

„Zum Schutz! So steht es in den Schriften“, war meine kurze Antwort.

Walter nimmt das Handy von seinem Ohr und fragt in die Klasse: „Zum Schutz? Stimmt das? Ihr tragt das Kopftuch zum Schutz?“

Die Kinder bejahen: „Unsere Väter haben gesagt, wenn wir ein Kopftuch tragen, kann uns so etwas nicht passieren.“

Walter nimmt das Handy wieder auf und wiederholt mir das. Er ist erbost, dass so etwas möglich ist.

In den nächsten Tagen beruhigt sich die Situation in der Klasse, drei der fünf Mädchen legen nach vielen Gesprächen das Kopftuch wieder ab, die beiden anderen behalten es auf. Täter und Opfer beenden das Schuljahr in der gleichen Klasse.

Bereits vor einigen Jahren brachte der ORF eine Reportage, in der kopftuchtragende Mädchen auf der Favoritenstraße nach dem Grund gefragt wurden, warum sie Kopftuch tragen. Es gab viele verschiedene Gründe, aber der Abschluss der Antworten war immer gleich: „… und zum Schutz.“

Aziza kommt mit Vollverschleierung in die Schule

Es ist schon einige Jahre her, Aziza geht in die dritte Klasse. Noch vor einem Jahr musste ich mit ihr diskutieren, weil sie für die Schule zu freizügig gekleidet war.

Aber auf einmal beginnt sie, sich allmählich immer mehr zu verhüllen. Es fängt mit einem Kopftuch an, dann trägt sie nur noch langärmelige Oberteile, und irgendwann werden die Jeans durch lange Röcke ersetzt. Schließlich kommen die

Lehrpersonen der Klasse zu mir. Ich muss unbedingt in die Klasse kommen, Aziza ist nun voll verschleiert, man kann nur noch ihre Augen sehen.

Ich brauche Bedenkzeit, reagiere erst mal gar nicht. Ich erkundige mich beim Stadtschulrat. Dort ist man auch ratlos, verspricht mir einen Rückruf, der aber nicht kommt. Also muss ich selbst handeln.

Ich hole Aziza in die Direktion, zeige Verständnis für Religionsfreiheit, erkläre ihr aber trotzdem, dass ich das in einer öffentlichen Schule nicht akzeptieren kann. Ich möchte ihren Vater sprechen. „Bitte rufen Sie meinen Vater nicht an, ich kann das eh ausziehen." Aziza geht auf die Toilette, um sich umzuziehen, und kommt zu meiner Verblüffung ohne Gesichtsschleier und Abaya zurück. Ich rufe Azizas Vater trotzdem an.

Wenige Minuten später ist er in der Schule. Er ist total überrascht. Aziza trägt zu Hause nie so eine Kleidung. Er ist aus Afghanistan vor den Taliban geflohen, würde so etwas auch nie erlauben. Im Gespräch stellt sich heraus, dass Aziza jeden Nachmittag in eine Moschee im zweiten Bezirk gegangen ist, während er dachte, sie wäre in der Schule.

Er bedankt sich mehrmals, erst vor Kurzem konnte er in letzter Minute verhindern, dass sein Sohn in ein Flugzeug nach Syrien steigt, um dort den IS zu unterstützen. Er gibt mir die genaue Adresse der Moschee, in der seine Kinder radikalisiert wurden und werden.

Ich nehme Kontakt mit dem Verfassungsschutz auf, erzähle die ganze Geschichte. Der Beamte ist wenig überrascht, er kenne die Moschee, wisse auch, wer dort predigt und was dort geschieht, es gäbe aber kein Rechtsmittel dagegen. Aziza wird fortan streng kontrolliert, dem engmaschigen Netz zwischen Schule und Vater entkommt sie nicht noch einmal. Bis zu ihrem Schulabschluss erscheint sie nicht mehr in Vollverschleierung.

Die Moschee gibt es immer noch, der Prediger ist meines Wissens seit einiger Zeit im Gefängnis.

Heute sind Niqab und Abaya für viele Mädchen bereits Standard, mit Mühe kann ich dafür sorgen, dass man in der Schule wenigstens das ganze Gesicht sieht. Auf der Straße sieht man regelmäßig voll verschleierte, zumeist junge Frauen, manche nehmen als Ersatz für die Gesichtsverhüllung eine FFP2-Maske, um nicht gegen das Vermummungsverbot zu verstoßen.

Was die islamischen Schriften zum Tragen des Schleiers sagen

Gemäß der islamischen Lehre, so wie sie in den Texten festgelegt ist, ist der Schleier das Erkennungszeichen der islamischen Frau, im Gegensatz zu nicht-islamischen Frauen, die minderwertig und als sexuell verfügbar angesehen werden.

„O Prophet, sprich zu deinen Gattinnen und deinen Töchtern und den Weibern der Gläubigen, dass sie sich in ihren Überwurf verhüllen. So werden sie eher erkannt und werden nicht verletzt." (Koran 33:59)

Mohammed offenbart eine Botschaft von Allah, dass islamische Krieger Frauen als Kriegsbeute vergewaltigen dürfen. (Koran 4:24, Koran 33:50, Koran 23:1–11; Hadith Muslim 8, 3371)

Mohammed selbst hatte einige Sexsklavinnen, die er im Dschihad erbeutet hatte und deren Ehemänner getötet worden waren. Um Ehefrauen von Sklavinnen zu unterscheiden, wurde das Tragen des Schleiers eingeführt, so wird es in den Texten überliefert. (Hadith Bukhari 4200)

„Wenn ihr befohlen wird, sich zu verschleiern, dann wird sie seine Frau sein. Wenn sie nicht gezwungen wird, sich zu verschleiern, dann wird sie seine Sklavin sein.“ (Hadith Bukhari 7, 62, 22)

Die Verschleierung kann als „Visitenkarte“ des Islam betrachtet werden. Es unterstreicht die überlegene Position der islamischen Frau gegenüber der minderwertigen nicht-islamischen Frau.

Die Vorbildwirkung – Lehrpersonen in der Schule sollten religiös neutral auftreten

Lehrerinnen und Lehrer sind Vorbilder für die Kinder, das sollten wir uns immer wieder bewusst machen, sowohl als Schulleiterin oder Schulleiter als auch als Lehrerin oder Lehrer. Auch als Bildungsbehörde sollten wir das berücksichtigen, wenn wir über Richtlinien für Verhalten, Auftreten und Kleidung von Lehrpersonen nachdenken:

Die Schule ist ein neutraler Ort. Bei Lehrpersonen und anderem Personal in der öffentlichen Schule soll die Religion von außen nicht erkennbar sein. Die EU-Gesetzgebung ermöglicht es Dienstgebern, dies für die Anstellung vorzugeben. Diskutieren kann man, ob dies auch für Religionslehrpersonen gelten sollte, oder ob hier eine Ausnahmeregelung sinnvoll ist.

Kritisch sehe ich eine Verpflichtung zum Kopftuchtragen für Lehramtsstudentinnen, um zum Studium für das Lehramt Islamische Religion zugelassen zu werden.

Die kürzlich bekannt gewordene Kündigung einer islamischen Religionslehrerin, die das Kopftuch abgelegt hatte, oder die Nichtanstellung eines jungen Mannes mit abgeschlossenem Studium des Lehramtes für islamische Religion, weil bekannt wurde, dass er homosexuell ist, halte ich für bedenklich.

Verachtung anderer Religionen

Der Islam betrachtet sich in der Lehre als einzig wahre Religion, in islamischen Ländern ist Religionsfreiheit sehr eingeschränkt.

„Er ist es, der seinen Gesandten mit der Rechtleitung und der Religion der Wahrheit gesandt hat, um ihr die Oberhand über alle Religionen zu geben, auch wenn es den Götzendienern zuwider ist." (Koran 9:33)

In einem westlichen Land gilt entsprechend der UNO-Menschenrechte Religionsfreiheit und daraus resultierend auch Respekt und Toleranz für andere Religionen.

Marouf zerbricht ein Kruzifix in der Klasse

In manchen Klassen hängen immer noch Kreuze, mitunter auch Kruzifixe. Für mich war das eine Gegebenheit, mit der ich mich lange nicht tiefer beschäftigt hatte. Es wurde erstmals Thema für mich, als ich eines Tages von einem anwesenden Kamerateam gefragt wurde, ob es Klassen gäbe, an denen Kreuze an der Wand hängen.

Ich konnte ad hoc keine verlässliche Antwort geben, und wir gingen in die Klassen nachsehen. Es waren keine Kinder mehr im Haus, so störten wir damit auch keinen Unterricht. Es stellte sich heraus, dass doch noch einige Kreuze, darunter auch Kruzifixe, zu finden waren. Bis dahin war mir auch der Unterschied zwischen Kreuz (ohne Jesusfigur) und Kruzifix (mit Jesusfigur) nicht bekannt. So konnte das Kamerateam die gewünschten Schnittbilder für ihren Dreh machen. Es vergingen Jahre, in denen die Präsenz der Kreuze an der Wand in Klassenräumen kein Thema war, zumindest keines, das bis zu mir drang. In manchen Klassen hing eben ein Kreuz, in anderen nicht.

Eines Tages kommt eine aufgebrachte Lehrperson zu mir und knallt mir wütend ein kaputtes Kruzifix auf den Tisch. Ein Schüler hat das Kruzifix offenbar von der Wand genommen und derart auf den Boden geknallt, dass sowohl das Kreuz als auch die Jesusfigur in mehrere Teile zersprungen ist. Der junge Mann, Marouf, der dies getan hatte, geht seit wenigen Wochen in die erste Klasse. Die meiste Zeit verbringt er in der Deutschförderklasse, da er mit seiner Familie erst seit Kurzem aus Syrien nach Österreich gekommen ist.

Mit dem vorgeladenen Vater kann ich mich nicht unterhalten, er kann weder Deutsch noch Englisch. Ich bitte also eine meiner Arabisch sprechenden Lehrpersonen um Unterstützung, denn das Thema ist mir wichtig. Zuerst versucht der Vater, mir zu erklären, dass sein armer Marouf das Kruzifix nur von der Wand genommen hätte, um es sich anzusehen. Dabei sei es ihm aus der Hand gefallen. Marouf lässt sich bereitwillig verteidigen. Schließlich akzeptiert der Vater, dass dies nicht möglich sein kann, denn aus so geringer Höhe würde es nicht in derartig viele Teile zerbersten.

Schließlich entschuldigt sich der Vater bei mir für das schlechte Benehmen seines Sohnes. Bei Marouf sehe ich keine Reaktion der Reue. Nachdem die beiden gegangen sind, bestätigt mir die Arabisch sprechende Lehrperson, dass es dem Vater nur darum ging, keine Probleme zu bekommen, die Tat an sich lasse ihn unberührt.

In den islamischen Schriften habe ich später folgende Texte gefunden, die mich nachdenklich gemacht haben:

„Allah der Mächtige und Majestätische sandte mich als Führung und Barmherzigkeit für die Gläubigen und befahl mir, Musikinstrumente, Flöten, Saiteninstrumente, Kruzifixe und die Angelegenheiten der vorislamischen Zeit der Unwissenheit abzuschaffen." (Scharia: Reliance of the Traveller R40.1 ([1]))

„[…]: er wird die Schweine töten, das Kreuz zerbrechen […] und alle Christen töten, die sich nicht dem Islam unterwerfen“ (Koran 4, 159; Hadith Bukhari Book 46, Hadith 37; Book 60, Hadith 118…)

Die angespuckte Bibel

Meine orthodoxe Religionslehrerin kommt zu mir mit einer Bibel in der Hand. Traurig zeigt sie mir die Bibel: Innen fehlen ein paar Seiten. Sie habe die Bibel in einem Mistkübel gefunden. Auf Nachfrage hätten Kinder ihr erzählt, dass drei Mitschüler die am Tisch liegende Bibel genommen und ein paar Seiten herausgerissen hätten. Dann hätten sie sie angespuckt und in den Mistkübel geworfen. Ich lade die Eltern von allen drei „Tätern“ vor und führe jeweils gemeinsam mit den Kindern ein Gespräch. Diese Gespräche hätten unterschiedlicher nicht sein können:

Alis Eltern diskutieren mit mir, dass es nicht erwiesen sei, dass Ali tatsächlich dabei gewesen sei, und die Kinder, die dies behaupten, würden alle lügen. Ali sei brav, und er habe gesagt, dass er nicht beteiligt war. Als Ali die Tat vor den Eltern zugibt und bestätigt, dabei gewesen zu sein, erklären die Eltern sinngemäß: „Ja, ok, dann war er dabei! Hätte er weglaufen sollen? Aber er hatte sicher nicht die Idee dazu.“

Musas Eltern können so wie er selbst kein Deutsch. Ich brauche wieder meine Arabisch sprechende Lehrerin als Dolmetscherin. Um die Dramatik der Tat zu unterstreichen, nehme ich einen Koran aus dem Regal und deute an, ihn anzuspucken und in den Mistkübel zu werfen. Natürlich erkläre ich vorher, dass ich so etwas nie tun würde, nur begreiflich machen wolle, was Musa getan hatte. Musa und seine Familie sind erst kurze Zeit in Österreich. Ich erkläre ihnen, dass so ein Verhalten in Österreich keinen Platz hat. Die Eltern sind betroffen und entschuldigen sich. Nachdem die Familie gegangen ist, erzählt mir meine Dolmetscherin, dass sie beim Gehen gefragt hätten, ob sie nun Probleme mit ihrem Aufenthaltstitel bekommen könnten, und versprochen hätten, dass so etwas nicht wieder vorkommen werde.

Zuletzt folgt das Gespräch mit Ercan und seinen Eltern. Vater und Mutter kommen mit ihrem Sohn in die Direktion und setzen sich mir gegenüber. Links sitzt die Mutter, in der Mitte der Vater und auf der rechten Seite Ercan. Ich leite ein, erkläre das Geschehene und zeige dabei auf die ramponierte Bibel. Der Koran liegt immer noch auf meinem Tisch. Der Vater übersetzt für seine Frau auf Türkisch. Plötzlich fordert die Mutter ihren Mann vehement auf, mit ihr Platz zu tauschen, dreht sich zu Ercan, nimmt den Koran und beginnt, auf ihren Sohn einzureden. Ich erkläre dem Vater, dass ich den Koran hier liegen hätte, weil ich im vorigen Gespräch darlegen wollte, wie sehr die Kinder mit dieser Aktion unsere religiösen Gefühle beleidigt hätten. Der Vater erklärt mir, dass seine Frau gerade exakt das Gleiche ihrem Sohn verdeutliche. Im selben Moment sehe ich, wie die Türkisch sprechende Frau mit Kopftuch andeutet, Seiten aus dem Koran zu reißen, ihn anzuspucken und ihn dann wegzuwerfen. Dann gibt sie Ercan den Koran in die Hand und fordert ihn auf, das Gleiche zu tun. Ercan laufen Tränen über die Wangen, er hat verstanden, was er getan hat, und was seine Eltern davon halten. Ich bedanke mich bei den Eltern, diese bedanken sich bei mir und entschuldigen sich nochmals.

Der Klassenvorstand einer Klasse hat viele Rituale in seiner Klasse, eines davon ist der Geburtstagskalender in der Klasse und eine kleine Geburtstagsfeier für jedes Kind. Das ist in vielen Klassen üblich, meistens bringt das Geburtstagskind einen Kuchen mit. Manchmal bekomme ich dann auch ein

Stück in die Direktion gebracht, nicht immer ist mir nach Kuchenessen, aber es ist eine Frage des Respekts und der Höflichkeit, zu gratulieren und den Kuchen dankend anzunehmen.

In den letzten Jahren kommt es immer öfter vor, dass einzelne Kinder diese Gewohnheit verweigern. Ein Fall ist mir besonders in Erinnerung geblieben: Zwei Burschen verweigern nicht nur, bei den Geburtstagsfeiern mitzumachen, sie versuchen, diesen Brauch zu stören und abzuschaffen. Der Klassenvorstand der Klasse lässt das nicht zu, die Geburtstagsfeiern bleiben. Die beiden Burschen verbringen die Zeit währenddessen bei mir in der Direktion, später in der Nebenklasse.

In anderen Klassen läuft es anders: Es gibt keinen Widerstand der Lehrpersonen, sondern der Geburtstagskalender und die kleinen Feiern hören still und leise auf.

Immer wieder erlebe ich auch Mütter, die sich weigern, mir die Hand zu geben, dass Väter Lehrerinnen und Direktorinnen nicht die Hand geben, ist ja immer wieder in den Medien.

Es stellt sich die Frage, ob so Integration gelingen kann. Wo bleibt das Gemeinsame, wo bleibt die Anpassung?

Wie der Islam die Schule verändert

Im Schwimmbad sitzt die Hälfte der Klasse nur herum, zieht sich nicht um und geht nicht ins Wasser. Längere Wanderungen sind mit Hijab schwierig, sportliche Ausflüge kann man nicht mehr planen, Radwandertage sind unmöglich.

Wenn überhaupt, gelingt es nur im Turnsaal zu erreichen, dass alle Mädchen korrekte Sportkleidung tragen, da die Mädchen dann unter sich sind. Sport im Freien ist nicht möglich. Mitunter erklären auch junge Männer, es sei unislamisch, kurze Hosen zu tragen. Es scheint, dass es im Islam beim Sport nicht um den Spaß daran, sondern hauptsächlich um die körperliche Ertüchtigung für die Gesundheit geht und vor allem auch darum, sich auf den Kampf vorzubereiten.

„Wir feiern keinen Geburtstag"

Es ist der 14. Februar, Anmeldewoche in der Mittelschule. Eine Mutter sitzt mir gegenüber, um ihren Sohn anzumelden. Sie trägt Hijab, spricht perfekt Deutsch, zur Begrüßung hat sie meine entgegengestreckte Hand nicht ergriffen. Ich frage nach den Daten und trage alles für sie ein, eine der letzten Fragen ist die nach ihrem Geburtsdatum.

„Vierzehnter Februar Neunzehnhundert …"

Ich schaue auf:

„Sie haben heute Geburtstag, und Valentinstag ist auch. Bekommen Sie heute noch Blumen?"

Meine Reaktion war spontan, ich wollte höflich sein.

Die Antwort ist höflich, aber kühl:

„Wir feiern so etwas nicht. Der Geburtstag des Propheten wird auch nicht gefeiert, er ist unser Vorbild. Valentinstag ist auch kein islamisches Fest."

Ich entschuldige mich, das Gespräch verläuft weiter höflich und korrekt. Schließlich sind alle Daten erhoben, die Anmeldung ist abgeschlossen. Die Mutter steht auf, und wir verabschieden uns, allerdings so wie am Beginn des Gesprächs ohne Handschlag.

Es folgen vier unaufgeregte Jahre mit ihrem Sohn, er schließt mit guten Noten ab. Trotzdem bleibt mir das Gespräch in Erinnerung und macht mich nachdenklich. Passen diese zwei Welten zusammen?

Generation Haram

Die Definition ist einfach: Halal ist alles, was von Allah erlaubt ist, Haram ist, was von Allah verboten ist. Halal kann alles Erlaubte/Gesetzmäßige umfassen, das bezieht sich also nicht nur auf Essen, sondern auch auf Kleidung, Verhalten, Sprache, einfach auf alle Lebensbereiche. Die wichtigsten Quellen für Halal-Grundsätze sind der Koran und die Sunna. Der Ausdruck Haram umfasst alles Verbotene und hat sich längst in der Sprache aller Jugendlichen, nicht nur der muslimischen, festgesetzt.

In den meisten Schulen gibt es kein Schweinefleisch mehr, ein Zugeständnis an die islamischen Essensvorschriften. Ich sehe das weniger problematisch als andere. Die Zeiten einheitlicher Küche in der Schule, am Skikurs, am Sommerlager etc. sind vorbei. Es gibt neben zu berücksichtigenden Unverträglichkeiten auch viele andere Befindlichkeiten, auf die Rücksicht zu nehmen ist. In der Schulküche muss es die Möglichkeit geben, schweinefleischfrei, vegetarisch oder vegan zu bestellen, ebenso müssen Unverträglichkeiten beachtet werden. Um zumindest für einen Großteil der Kinder das gleiche Essen bestellen zu können, ist ein genereller Verzicht auf Schweinefleisch ein pragmatischer und verständlicher Zugang, und auch wir machen das so. Trotzdem bestellen inzwischen immer mehr Muslime vegetarisches Essen, weil das Fleisch nicht halal geschlachtet wird.

Hier ergeben sich weitere Fragestellungen, da Halal-Schlachtungen nicht den Tierschutzbestimmungen Österreichs entsprechen, aber darauf gehe ich hier nicht näher ein.

Sehr wohl ist zu thematisieren, ob es akzeptabel ist, wenn der Kochunterricht verweigert wird, wenn nicht halal eingekauft wird. Inzwischen wird schon „überprüft", ob Geburtstagsfeiern, das Verteilen von Süßigkeiten als Belohnung und vieles mehr haram sind.

Als wir einmal ein Schulpicknick veranstalteten, war für jedes Kind ein Lunchpaket vorbereitet, selbstverständlich war Putenextra in der Wurstsemmel. Jedes Kind nahm sich ein Paket im Vorbeigehen mit. Plötzlich sorgen die ersten „Haram-Rufe" für Unsicherheit, schließlich hallt es „Haram, haram!" durch die Gänge, und letztlich nimmt kein Kind ein Paket und hungert lieber. Auch die nichtislamischen Kinder wagen es nicht mehr zuzugreifen.

Vor Kurzem unterhielt ich mich mit einer Lehrerin meiner Schule: Wohl schon sensibilisiert durch mich, fragt sie: „Warum steht jetzt auf Kosmetikprodukten vegan drauf? Da geht's nicht um Essen. Geht es vielleicht wie bei den Gummibärchen und der Gelatine darum, den Muslimen zu bestätigen, dass kein Anteil von Schweinen drinnen ist?" Ich kann ihr die Frage nicht beantworten, aber wenn man sich etwas intensiver mit der Halal-Industrie in Europa beschäftigt, ist das vielleicht nicht so unwahrscheinlich.

Auf TikTok erklären immer mehr „Hijab-Influencerinnen", was richtig und was falsch ist, welche Produkte man verwenden darf, welche nicht und vieles mehr.

Das Besteck in der falschen Hand

Ich gehe mittags gerne zu den Kindern in den Speisesaal essen. Oft fällt mir auf, dass viele Kinder nie gelernt haben, richtig zu essen. Immer wieder rufe ich dann allgemeine Benimmregeln für das Essen in den Raum. Eine davon ist „Gabel in die linke Hand, Messer in die rechte Hand!" Bei dem einen oder anderen Kind stellt sich heraus, dass sie Linkshänder sind, da ist natürlich alles umgekehrt. Ein Großteil der Kinder aber versucht, dies umzusetzen, die meisten sind dabei sehr ungeschickt.

Anscheinend ist das aber nicht der einzige Grund. Als ich mich umsehe und dann wieder einmal „Gabel in die linke Hand, Messer in die rechte Hand!" in den Speisesaal hineinrufe, widerspricht Momo (Mohammed), der gleich am nächsten Tisch sitzt: „Aber Herr Direktor, wir dürfen das nicht. Die linke Hand ist im Islam die schmutzige Hand, die darf man nicht zum Mund führen." Der Islam ist tatsächlich allgegenwärtig in der Schule, er macht nicht einmal vor den Tischmanieren Halt.

Auch hier findet man etwas in den islamischen Schriften:

„Der Prophet aß mit rechts und verbot das Essen mit der linken Hand … Niemand von euch sollte mit seiner linken Hand essen oder trinken, denn der Teufel isst und trinkt mit seiner linken Hand." (Hadith Muslim Nr. 2020)

„Wir gehen nicht über schwulen Übergang"

Ein HTL-Lehrer erzählt mir von einem Lehrausgang mit einer seiner Klassen. Bei einer Kreuzung geht er über die Straße voran. Auf der anderen Straßenseite angekommen, dreht er sich um und sieht seine Klasse nicht. Er erblickt sie einige Meter weiter, über die Straße gehend. Als die jungen Burschen bei ihm angekommen sind, erkundigt er sich, warum sie nicht wie er über den Fußgängerübergang gegangen sind. „Wir gehen nicht über schwulen Übergang", ist die überraschende Antwort. Der Lehrer schaut zurück und bemerkt, dass er über einen Regenbogenübergang gegangen ist.

Betrachtet man die islamische Lehre, so ist diese kleine Geschichte wenig überraschend: Im Islam sind Homosexualität und auch alles in Zusammenhang mit LGBT+ geächtet und verboten. In fast allen islamischen Ländern steht Homosexualität unter Strafe, in einigen Ländern wird dafür sogar die Todesstrafe verhängt.

Demgemäß ist die Haltung islamischer Jugendlicher auch hier in Europa gegenüber Homosexuellen ablehnend.

„Der Prophet (Friede und Segen Allahs seien auf ihm) verfluchte Frauen, die Männer nachahmen, und Männer, die Frauen nachahmen." (Hadith Abu Dawud 34, 78, überliefert von Ibn Abbas)

„Der Prophet (Allah segne ihn und schenke ihm Frieden) verfluchte Männer, die Frauenkleidung tragen, und Frauen, die Männerkleidung tragen." (Scharia [The Reliance of the Traveller p28.1(3)])

Homosexuelle müssen bestraft werden. Das kann die Todesstrafe bedeuten:

„Der Prophet (Allah segne ihn und schenke ihm Frieden) sagte: (1) „Töte den, der Sodomie begeht, und den, der es zulässt, dass man es mit ihm tut." (Bedeutung von Sodomie im Koran = Homosexualität) (Scharia [Reliance of the Traveller p17.3])

Gleichstellung von Mann und Frau

Im Gegensatz zu den UNO-Menschenrechten, welche die Gleichstellung von Mann und Frau vorsehen, definiert die islamische Lehre hier beträchtliche Unterschiede. Die Gleichstellung aller Menschen unabhängig von Geschlecht und sexueller Orientierung ist ein Grundpfeiler unserer liberalen Gesellschaft und darf von niemandem infrage gestellt werden.

Ehe im Islam ist nicht zu vergleichen mit dem, was bei uns unter Ehe verstanden wird. Frauen können gegen ihren Willen verheiratet werden, auch die Kinderehe hat Wurzeln in der islamischen Lehre. (Hadith Bukhari 5, 58,234; Hadith Muslim 8, 3311)

Frauen sind dem Mann unterworfen, sie müssen sexuell verfügbar sein: „Eure Weiber sind euch ein Acker. Gehet zu eurem Acker, von wannen ihr wollt. [...]" (Koran 2:223)

Sie dürfen das Haus nur mit männlichem Vormund verlassen (Scharia [m3.7]) und dürfen geschlagen werden.

„Die rechtschaffenen Frauen sind gehorsam [...] Und diejenigen, deren Widersetzlichkeit ihr befürchtet, – ermahnt sie, meidet sie im Ehebett und schlagt sie. [...]" (Koran 4,34)

Außerdem zählt die Stimme einer Frau vor Gericht nur halb so viel wie die eines Mannes, was es für Frauen schwer macht, sich rechtlich zu verteidigen.

Mohammed sagte: „Stimmt es etwa nicht, dass das Zeugnis eines Mannes dem Zeugnis zweier Frauen gleichkommt? ... Das zeigt, dass es Frauen an Intelligenz mangelt ..." (Hadith Bukhari 1,6,301)

„Frau Lehrerin, dürfen wir Ihnen wirklich nicht mehr die Hand geben?"

In der Deutschförderklasse unterrichtet eine Lehrerin, die sich intensiv um die Fortschritte der Kinder kümmert. Unter anderem steht sie am Ende des Unterrichtstages in der Klassentür und verabschiedet sich von jedem Kind mit Handschlag und dem Hinweis, was es zu Hause unbedingt noch zu lernen hätte.

Wir bekommen einen neuen Schüler zugewiesen, sein Vater lebt schon lange in Österreich, nun hat er Hamad zu sich geholt. Kurze Zeit später wird die Lehrerin von einigen Kindern gefragt, ob es tatsächlich nicht mehr erlaubt sei, ihr die Hand zu geben. Ich forsche nach. Es stellt sich heraus, dass Hamad in der Klasse erklärt hat, dass es verboten sei, Frauen die Hand zu geben. Wer sich nicht daran halte, würde in die Hölle kommen.

Ich hole den Vater zum Gespräch in die Schule. Er ist sehr schuldbewusst und entschuldigt sich mehrmals. Selbstverständlich würden in einem anderen Land die Regeln dieses Landes gelten, er würde versuchen, dies seinem Sohn zu erklären.

Es gibt keine Veränderung. Nach weiteren Problemen mit Hamads religiöser Einstellung und seinen Versuchen, diese auch auf andere Kinder zu übertragen, kommt der Vater wieder in die Schule. Hamad würde nun in eine islamische Privatschule wechseln, um keine weiteren Probleme machen zu können.

Waren es vor wenigen Jahren nur Einzelfälle, so beschäftigen uns Fälle wie dieser immer öfter. Muslimische Schülerinnen und Schüler erklären ihren Mitschülern und Mitschülerinnen, was im Islam erlaubt, also halal, und was verboten, also haram, ist. Die Einhaltung dieser Regeln wird dann streng überwacht.

7.5 Beleidigung des Propheten

Gemäß der islamischen Lehre ist es streng verboten, Mohammed zu kritisieren. Den Islam nicht anzunehmen oder zumindest zu unterstützen, wird schon als Verbrechen gewertet. Jahrhundertelang wurden Menschen deshalb wegen Blasphemie verurteilt, bestraft oder hingerichtet. Auch wurden Dschihad-Angriffe als Verteidigung dargestellt, weil die angegriffene Gruppe beschuldigt wurde, sich nicht dem Islam zu unterwerfen. (Sira Ibn Ishak)

So ist es nicht verwunderlich, dass Charlie Hebdo, der Karikaturenstreit in Dänemark und Salman Rushdies Roman „Satanische Verse“ eine Welle der Gewalt in der islamischen Welt auslösten. Wir erinnern uns an den französischen Lehrer Samuel Paty, der vom Vater eines seiner Schüler hingerichtet wurde, weil er Karikaturen Mohammeds als erlaubt bezeichnet hatte.

Aus islamischer Sicht dürfen sich Ungläubige (Kafire) nicht mit der islamischen Lehre beschäftigen. Auch wenn es der islamischen Lehre widerspricht, haben wir nicht nur das Recht, sondern sogar die Pflicht, uns mit der islamischen Lehre zu beschäftigen. Vor allem mit jenen Stellen, die sich mit den Ungläubigen (also uns) beschäftigen. Wo die Grenze zwischen berechtigter Kritik, Satire, Beleidigung und nicht akzeptabler Herabwürdigung liegt, ist wohl so wie bei anderen Themen eher eine Frage des Fingerspitzengefühls und guten Geschmacks als der Einhaltung religiöser Regeln.

Nach ihrem Referat über „Charlie Hebdo" wird Katalyna bedroht

Katalyna hält ein Referat über das Attentat „Charlie Hebdo". Dabei definiert sie den Anschlag als Terrorakt und verurteilt ihn. Zur Erinnerung: Die Satirezeitschrift Charlie Hebdo hatte in einer Ausgabe Karikaturen von Mohammed veröffentlicht. Darauf wurde wenig später die Redaktion überfallen, mehrere Mitarbeiterinnen und Mitarbeiter von Charlie Hebdo wurden erschossen.

In der Schule verbreitet sich schnell die Nachricht, Katalyna hätte Mohammed beleidigt. In der Hofpause wird sie von mehr als fünfzig Kindern eingekreist, beschimpft und bedroht.

Die Situation kann aufgelöst werden. Ich gehe in alle Klassen und erkläre, dass ich der Auffassung bin, jede Person müsse für sich entscheiden, wie weit Kritik und Satire gehen dürfe. Es sei das Recht eines jeden, die Handlungen von anderen gut oder schlecht zu finden, dies beinhalte aber nicht das Recht, Gewalt zu verüben oder gutzuheißen.

Wie weit darf Religion Einfluss nehmen? Ist es das Recht einer Religion, zu bestimmen, was Menschen zu tun haben, die dieser Religion gar nicht angehören?

Euer Gott kann mir keine Vorschriften machen

In einer vierten Klasse sieht die Lehrperson Selina, ein mit Abaya bekleidetes Mädchen, während der Unterrichtsstunde mit ihrem Handy spielen. Selina wird aufgefordert, das Handy abzugeben. Sie versteckt es in ihrer Kleidung und behauptet, weder ein Handy verwendet noch eines versteckt zu haben. Auf die neuerliche Aufforderung antwortet sie mit: „Ich schwöre bei Gott, ich habe nicht" und betrachtet die Angelegenheit damit als beendet.

Ich werde mit dem Fall befasst und bitte Selina zu mir in die Direktion. Als sie weiter bei ihrer Version bleibt, hole ich einen Koran aus dem Wandregal und fordere sie auf, ihren Schwur zu wiederholen. Da gibt sie zu, das Handy benutzt zu haben, und gibt es mir. Am Ende des Unterrichtstages bekommt sie es zurück.

Wenig später kommt ein Kollege aus der betreffenden Klasse und erzählt mir, dass es große Aufregung gäbe, weil ich Gotteslästerung betrieben hätte. Ein Ungläubiger dürfe den Koran weder lesen noch in die Hand nehmen.

Ich gehe in die Klasse und erkundige mich nach dem Problem. Wieder wird mir erklärt, was laut islamischer Lehre Kafire (Ungläubige bzw. Nichtmuslime) dürfen und was nicht.

Ich kürze die Diskussion ab und erkläre den Schülerinnen und Schülern meine Ansicht: „Ich bin katholischer Christ. Wenn ein Gott mir Vorschriften machen kann, dann nur meiner. Allah, euer Gott, kann nur euch Muslimen Vorschriften machen, für mich ist er nicht zuständig. Religion ist Privatsache, jeder und jede entscheidet für sich, an welche Religion und welchen Glauben er sich wendet, was er glaubt und was nicht."

Ich lasse fassungslose Gesichter zurück und gehe wieder in die Direktion. Was ich zu diesem Zeitpunkt noch nicht weiß:

Die islamische Lehre befasst sich zu mehr als 50 % damit, was Nichtmuslime dürfen bzw. nicht dürfen und wie mit ihnen in welcher Situation zu verfahren ist. Die islamische Lehre unterwirft die Kafire (dt. Plural Kafire, arab. Plural Kuffar) einem anderen Moralkodex als die Muslime.

Kafire sind wir alle, die nicht der islamischen Religion angehören. Die Anwendung der islamischen Regeln für den Umgang mit Kafiren sollten wir in einem nichtislamischen Land nicht tolerieren:

Kafire können:

- mit Höflichkeit behandelt werden (Koran 109:6) oder
- verspottet werden (Koran 83:34),
- gehasst werden (Koran 40:35),
- terrorisiert werden (Koran 8:12),
- geköpft werden (Koran 47:4),
- zum Gegenstand von Verschwörungen gemacht (Koran 86:15–17) werden,
- gedemütigt werden (Koran 37:18; Koran 9:29),
- verflucht und ermordet werden (33:61),
- vergewaltigt werden (Sira, Ibn Ishaq 759) und
- verfolgt werden (Koran 4:104).

Man darf sich nicht mit ihnen befreunden. (Koran 3:28 u. a.) Kafire sind böse. (Koran 23:97) Die Scharia erlaubt es außerdem, dass jegliche Aussage eines Kafirs, die einem Muslim nicht gefällt, als Verleumdung zurückgewiesen werden kann. (Reliance of the Traveller, g2.5 und r2.2)

Islamische Feiertage

Ramadan

Der Ramadan ist der neunte Monat im islamischen Jahr. Er erinnert an die Offenbarung des Korans durch den Erzengel Gabriel an den Propheten Mohammed. Diese Herabsendung des reinen und unveränderlichen Korans wurde aus Sicht der Muslime notwendig, weil die Menschen alle vorherigen Schriften, wie die Thora und die Bibel, absichtlich oder unabsichtlich z. B. durch Überlieferungsfehler verfälscht hatten.

Das tägliche Fasten im Ramadan beginnt jeden Tag vor Sonnenaufgang und endet mit Sonnenuntergang. Nach Sonnenuntergang begeht man beim Iftar-Essen das tägliche Fastenbrechen. Vom Fasten ausgenommen sind alle, die körperlich nicht dazu in der Lage sind, auch Kinder müssen nicht fasten. Reisende können beim Fasten aussetzen und diese Tage später nachholen.

So weit, so gut.

Ist es richtig und notwendig, in der Schule Rücksicht auf den Ramadan zu nehmen? Aus meiner Sicht sollte es eine gewisse Toleranz und Rücksicht geben. Worauf es meiner Meinung nach aber nicht hinauslaufen darf, ist, dass der Ramadan jedes Jahr einen größeren Raum in unserer Gesellschaft einnimmt, gleichzeitig aber unsere christlich geprägten Traditionen zurückgedrängt werden.

Leider passiert genau das in den Schulen: Während die Schulen und die christliche Minderheit in den öffentlichen Schulen in Ballungsräumen immer mehr auf christliche Traditionen verzichten sollen, nimmt der Islam immer größeren Raum ein. Inzwischen gehören Forderungen nach

Halal-Essen, Gebetsräumen und Rücksichtnahme auf die Gebetszeiten fast schon zum Alltag. Noch gelingt es zumindest teilweise, die Forderungen zurückzuweisen, aber sie werden lauter, sie werden massiver, sie werden intensiver.

Jedenfalls stehen berufliche und auch schulische Verpflichtungen über religiösen Verpflichtungen. Für mich steht fest: Wir leben in einem säkularen Staat christlicher Prägung, und Integration bedeutet Anpassung.

Ramadan geht zu Ende und Wiens Schulen stehen still

Ramadan, der Monat, in dem gefeiert wird, dass die Koransuren herabgesandt wurden, endet mit Bajram, dem Zuckerfest. Die islamische Zeitrechnung hat einen anderen Jahreskalender, daher rückt Ramadan im Vergleich zu unserem Jahr ungefähr einen Monat nach vorne. 2024 war Ramadan im April, 2025 wird er im März sein etc. Muslimische Schülerinnen und Schüler haben die Möglichkeit, aus religiösen Gründen um Freistellung vom Unterricht anzusuchen, damit sie Bajram feiern können. Fast alle abwesenden Kinder haben korrekt schriftlich angesucht und dieses Ansuchen von mir bestätigt bekommen. So wie an vielen anderen Pflichtschulen auch, waren von über 440 Schülerinnen und Schülern 143 in der Schule, das ist ziemlich genau ein Drittel. An regulären Unterricht ist natürlich nicht zu denken, wenn zwei Drittel der Kinder abwesend sind.

Aber was bedeutet es für unsere Gesellschaft, wenn viele Schulen Wiens an islamischen Feiertagen fast leer sind, wenn also zwei Drittel der Wiener Pflichtschülerinnen und Pflichtschüler gläubige Muslime und Muslimas sind? Ein wichtiger Mann aus der katholischen Kirche hat vor Kurzem in einem Gespräch über die Entwicklung der Verteilung der Religionszugehörigkeit traurig gesagt: „Demografie lügt nicht."

Manch muslimischer Zuwanderer sagt ganz offen: „Wir bekommen sowieso mehr Kinder als ihr, es ist nur eine Frage der Zeit." Wenn man bedenkt, dass die Islamisierung nichtislamischer Länder ein deklariertes Ziel des Islam ist, klingt dieser Satz bedrohlich. Dazu kommen noch viele Konversionen Jugendlicher zum Islam, einfach deshalb, weil die dominierende Gruppe in den Schulklassen islamisch ist. Den Islam zu verlassen, ist hingegen gefährlich, da der Austritt aus dem Islam in der Lehre eigentlich nicht möglich ist und sogar mit dem Tode bestraft werden kann. Religionsfreiheit wird im Islam sehr einseitig gesehen, es ist die Freiheit, den Islam zu leben.

Die in der letzten Zeit immer mehr an die Öffentlichkeit gekommenen Zahlen von bewilligten Familienzusammenführungen werden viele Bereiche überfordern, jedenfalls aber unsere Pflichtschulen in Wien. Die Mehrheitsverhältnisse werden sich weiter in Richtung Islam als vorherrschende Religion verändern. Dabei gibt es wichtige Stimmen, die nur aufgrund der unterschiedlichen Geburtenrate von Muslimen und Nichtmuslimen mit einem resignierten „Demografie lügt nicht" oder „Zahlen lügen nicht" reagieren.

Beten in der Schule, das Freitagsgebet und die Rolle der Moschee

Österreich ist ein säkularer Staat christlicher Prägung, manche sagen auch christlich-jüdischer Tradition. Als liberale Demokratie stehen die Verfassung und demokratische Regeln über jeglichen religiösen Vorschriften oder Regeln.

Eigentlich sollte die Schule ein neutraler Ort sein. Politische Bildung sollte neutral sein, und in der Schule sollte es keine Wahlempfehlungen geben.

Genauso sollte die öffentliche Schule ein religionsneutraler Ort sein. Außerhalb des Religionsunterrichts haben religiöse Symbole, religiöse Rituale, Ausrufe und Gebete nichts verloren. Religionsfreiheit bedeutet die Freiheit jedes Einzelnen, selbst zu entscheiden, wie viel er oder sie mit Religion überhaupt in Kontakt kommen möchte. Die Freiheit des Einzelnen (nicht nur im Bereich der Religion) endet dort, wo sie die Freiheit der anderen einschränkt.

Der Gebetsruf kann nicht abgedreht werden

In einer vierten Klasse gibt es unter anderem immer wieder Probleme wegen der Handynutzung. Ich gehe in die Klasse und erkläre den Schülerinnen und Schülern die Regeln aus der Hausordnung. Selbstverständlich erwarte ich, dass gerade dann, wenn ich darüber spreche, alle ihr Handy abdrehen.

Während ich spreche, ertönt aus einem Handy ein arabischer Ruf. Offenbar interessiert Hamza gar nicht, was ich gerade zu sagen habe. Ich weise ihn zurecht. Hamza erklärt mir völlig unbeeindruckt, dass sein Handy abgedreht sei, was ich gerade gehört habe, sei der Ruf zum Gebet.

Da ich die Situation nicht weiter eskalieren lassen möchte, fordere ich ihn lediglich auf, diesen Ton ebenfalls abzudrehen.

„Das geht nicht. Das ist eine App, wenn die installiert ist, dann kann man das nicht abdrehen. Haben Sie etwas gegen Islam?", erhalte ich zur Antwort.

Ich habe nichts gegen den Islam, aber sehr wohl etwas gegen Störung des Unterrichts.

Da Hamza nicht einsichtig ist, lade ich seine Tante vor, da sie für ihn erziehungsberechtigt ist. Die Diskussion über Religionsfreiheit setzt sich fort. Letztlich stelle ich nochmals fest, dass ich auf die Einhaltung der Schulregeln bestehe, da Hamza aber nicht mehr schulpflichtig ist (er ist bereits 16 Jahre), müsse er nicht mehr in die Schule gehen. Eine Abmeldung vom Schulbesuch sei möglich.

Hamzas Tante erbittet Bedenkzeit. Einige Tage kommt Hamza nicht zur Schule, dann erscheint seine Tante wieder bei mir. Die Entscheidung war gefallen, sie meldet ihn vom Schulbesuch ab.

Als ich im Rahmen der Abschiedsfeiern mit ein paar Mädchen der Klasse zusammensitze, öffnen sich die Mädchen und sprechen die Geschichte mit Hamza an.

„Herr Direktor, Sie können sich nicht vorstellen, wie gut es für uns ist, dass Hamza gegangen ist. Endlich war nicht ständig nur Islam Thema und was wir dürfen und was nicht, warum wir kein Kopftuch tragen, dass wir deshalb Huren sind und vieles mehr. Wir wollten Ihnen unbedingt noch sagen, wie dankbar wir Ihnen sind.“

Ich habe dieses Gespräch dann auch noch im Lehrerzimmer wiederholt. Uns allen war gar nicht bewusst, welche Belastung Hamza für die anderen in der Klasse gewesen ist.

Mit Gebetsteppich in der Schule

Es ist Mittagszeit, ich sitze an meinem Schreibtisch. Der Schulwart kommt zu mir in die Direktion und fragt mich, ob ich weiß, dass in der dritten Klasse einige Burschen ihre Teppiche ausgebreitet haben und beten.

Ich springe auf und beeile mich, in die Klasse zu kommen. Trotzdem bin ich zu langsam, die Burschen haben die Klasse bereits wieder verlassen. Einen von ihnen, Abdulmelik, erwische ich noch am Gang. Er hat seinen Teppich unter dem Arm. Er erklärt mir, dass der Klassenlehrer das Verbleiben in der Klasse für das Gebet erlaubt habe. Der betreffende Lehrer ist mit anderen Kindern im Schulhof, schnell bin ich unten und weise ihn an, Schüler nicht unbeaufsichtigt in der Klasse zurückzulassen, Klassen seien kein Gebetsraum. Danach kehre ich in die Direktion zurück. Dort wartet bereits der Schulwart, der meine Einstellung zu derartigen Entwicklungen kennt:

„Ich hab's dir gleich gesagt, weil ich wissen wollte, wie schnell du bist", sagt er mit einem verschmitzten Lächeln.

Wenig später kommt der Schulwart wieder zu mir. Zweitklässler beten am Gang im Erdgeschoss. Diesmal komme ich zu spät. Ich treffe niemanden mehr an. Einige Kinder erzählen mir aber, wer hier seinen Gebetsteppich ausgebreitet hatte.

Am nächsten Tag gibt es ein klärendes Gespräch mit den drei Burschen, und ich sage ihnen: „Wir haben in der Schule weder eine Kapelle noch eine Synagoge noch eine Moschee. Es kann mit dem Religionslehrer in der Religionsstunde gebetet werden, ansonsten wird in der Schule nicht gebetet." Damit ist vorerst alles geklärt.

Am nächsten Tag kommt aber der Vater von Mohammad, einem der drei Schüler, zu mir in die Direktion. Er fordert vehement für seinen Sohn das Recht ein, zu beten, wann immer er möchte. Es folgt eine lange Diskussion, bei der wir uns nicht einig werden. Schlussendlich beende ich das Gespräch mit dem Hinweis auf unsere Schulregeln und dass ich diese nicht mit Eltern diskutiere.

Passend dazu ruft mich wenige Tage darauf ein Kollege aus einem anderen Bezirk an. Einige seiner islamischen Schüler fordern vehement einen eigenen Gebetsraum, um ihre Gebete verrichten zu können. Er fragt, wie ich darauf reagieren würde.

„Ich hatte vor Kurzem dasselbe Thema. Die Antwort ist einfach: So etwas gibt es in der Schule nicht“, antworte ich.

Wir sind uns einig, der Kollege versucht für diese Haltung auch bei der Bildungsdirektion Unterstützung zu bekommen. Dort ist man zwar grundsätzlich der gleichen Meinung, befassen möchte man sich mit dem Thema aber nicht.

Es erreichen uns auch Forderungen, die Schule möge den Beginn des Freitagsgebets berücksichtigen und freitags den Unterrichtsschluss entsprechend rechtzeitig beenden. Dies wird von mir ebenso abgelehnt wie eine Befreiung vom Unterricht in den letzten Unterrichtsstunden am Freitag, um pünktlich in die Moschee zu kommen. Allerdings ist auch diese Forderung in der islamischen Lehre fundiert.

Mohammed sagt: „Die Erde wurde für mich und meine Anhänger geschaffen, als ein Ort der Anbetung und um Rituale auszuführen, deshalb können meine Anhänger zur Gebetszeit überall beten (…) Früher wurde jeder Prophet zu einer Nation gesandt, ich aber wurde zur gesamten Menschheit gesandt.“ (Hadith Bukhari 1, 7, 331)

Die Rolle der Moschee und des islamischen Religionsunterrichts

Eine Moschee ist nicht nur ein religiöses Gebetshaus, sondern auch ein Gemeinde- und Bildungszentrum. Sie ist ein Ort, an dem sich die Mitglieder der islamischen Gemeinschaft versammeln und politische Veranstaltungen durchführen. Dort beginnt der Prozess der Beeinflussung der „nicht-islamischen Gesellschaft“. Eigene Gebetsräume und Moscheen etablieren die islamische Infrastruktur und letztlich die Autorität (Allah und Mohammed), sodass es für die

Besucherinnen und Besucher immer weniger möglich wird, sich unserer liberalen Gesellschaft anzupassen und in sie einzufügen.

Das Gleiche gilt im Übrigen auch für den islamischen Religionsunterricht in der Schule: Es gibt eine kürzlich durchgeführte Untersuchung von Prof. Ednan Aslan, in der die Integrationsbereitschaft von Schülern, die den islamischen Religionsunterricht besuchen, und jenen, die sich abmelden, verglichen wird. Das Ergebnis ist eindeutig: Jene Schüler, die nicht in den Religionsunterricht gehen, sind deutlich integrationsbereiter.

8. ISLAM – SPEZIELLE PROBLEME

Konvertieren zum Islam

Waren es vor wenigen Jahren nur Einzelfälle, so beschäftigen uns Übertritte unserer Schülerinnen und Schüler zum Islam immer öfter. Die Gründe sind vielfältig, einmal ist es die Liebe zu einem Muslim, ein anderes Mal möchte man zur vorherrschenden Gruppe dazugehören. Auch Konversionen, um Mobbing zu vermeiden, kommen vor.

Zoe und Anastasia

Zoe, ein österreichisches Mädchen, zeigt immer wieder Verhaltensauffälligkeiten, sie ist aber intelligent und hat keine schulischen Probleme. Irgendwann gerät sie in falsche Gesellschaft und schwänzt öfter die Schule. Ihre Mutter ist verzweifelt, immer wieder gibt es Krisengespräche. Schlussendlich schafft Zoe die Klasse nicht und muss wiederholen.

In der darauffolgenden dritten Klasse bessert sich die Situation leider nicht, immer wieder ist sie mehrere Tage abgängig, und niemand weiß, wo sie ist. Indessen freundet sie sich mit Anastasia an. Anastasia kommt aus Weißrussland, ist eine Vorzugsschülerin und möchte Ärztin werden. Sie lässt sich von Zoe mitreißen, und beide fehlen oft gemeinsam. Anastasias Mutter ist verzweifelt.

Ich versuche, mit dem Mädchen zu sprechen. Ich bete ihr den Satz vor, der seit meiner Zeit als Schulleiter einer meiner Standardsätze ist: „Zeige mir deine Freunde, und ich sage dir, wer du bist." Anastasia sagt: „Ich weiß, aber ich bin stark, ich kann Zoe helfen."

Leider kann sie das nicht, Anastasia und Zoe freunden sich mit einer Gruppe Tschetschenen an, sind oft über Nacht bei ihnen und schwänzen Schule. Die Mütter sind verzweifelt. Es kommt sogar so weit, dass die beiden Mädchen für diese Freunde Drogen auf der Straße verkaufen, da sie unter vierzehn und damit nicht strafmündig sind.

Beide Mütter sitzen oft weinend bei mir in der Direktion. Mit vierzehn konvertieren beide Mädchen zum Islam, ohne Pflichtschulabschluss beenden sie ihre Schulpflicht in einer Polytechnischen Schule, auch dort gibt es Probleme, und sie sind selten dort anzutreffen.

Leider erfahren wir später über Mitschülerinnen, dass die beiden noch weiter „abgestürzt" sind. Eine der beiden landet später sogar wegen eines Raubüberfalls im Jugendgefängnis.

„Joel muss jetzt auch fasten"

Es ist Ramadan, in der Schule dreht sich für die Kinder fast alles nur um Beten, Fasten und was man im Ramadan darf und was nicht. Es ist eine schwierige Zeit für Lehrerinnen und Lehrer. Einerseits sollte die Religion keinen Einfluss auf die Schule haben, andererseits schafft man kein positives Lernklima, wenn man ständig in Konfrontation mit den

Kindern ist. Viele Kinder stehen um vier Uhr auf, um zu frühstücken. Danach gibt es bis Sonnenuntergang weder Essen noch Trinken. Im Sommer sind die Tage lang, es kann schon sein, dass das Fastenbrechen erst um zwei Uhr oder später beginnt.

Eines Morgens gibt es Aufregung in einer vierten Klasse. Auf Nachfrage erklärt man der Klassenlehrerin: „Joel und Marcel müssen auch fasten, sie sind jetzt Muslime."

Es dauert nicht lange, bis ich davon erfahre, und ich bitte Joel und Marcel in die Direktion. Beide waren von ihren Klassenkameraden überredet worden, mit ihnen in eine Moschee zu gehen. Islam ist ein allgegenwärtiges Thema, ganz besonders im Ramadan. Am Vortag waren sie gemeinsam auf der Donauinsel. Dort wurden sie überredet, das islamische Glaubensbekenntnis auszusprechen, wobei dieses Ritual durch ein Handyvideo festgehalten wurde. Aus Überzeugung und von Herzen machten sie dabei nicht mit, sie fanden es aber auch nicht schlimm.

Ich rufe zuerst die Eltern von Joel an, eine streng katholische Familie aus Südamerika. Joels Vater ist am Telefon äußerst erbost, und nachdem ich ihm erkläre, dass dieser Schritt aus islamischer Sicht auch nicht mehr rückgängig gemacht werden kann, ist er außer sich. Ähnlich verhält es sich mit Marcels Mutter, sie ist Alleinerzieherin und überfordert mit dieser Situation.

Schließlich lade ich die Mutter des Rädelsführers bei diesem Übertritt zum Islam vor. Ich erkläre Abdul im Beisein seiner Mutter, dass Religion Privatsache sei und er seine Mitschüler damit nicht belangen solle. Der Mutter versuche ich die Verzweiflung von Marcels und Joels Eltern begreiflich zu machen. Sie reagiert kühl und versteht meine Aufregung nicht. Schließlich herrsche in Österreich Religionsfreiheit, beide seien über vierzehn und könnten ihre Religion frei wählen, auch ohne Einverständnis der Eltern.

Ich erkläre ihr, dass ich viel Überzeugungskraft habe. Sie möge mir bitte ihren Sohn für zwei Wochen zur Betreuung überlassen, danach würde er als Christ zu ihr zurückkommen. Mit Entsetzen in ihrem Gesicht erklärt sie mir, dass die Religionsfreiheit so weit nun auch wieder nicht gehe, denn aus dem Islam könne man nicht austreten, dies habe Allah so bestimmt.

Wir werden uns in religiösen Fragen nicht einig, ich erkläre ihr aber, dass es Konsequenzen für ihren Sohn haben würde, wenn dieser künftig (es sind nur noch wenige Wochen bis zum Schulschluss) auch nur ein weiteres Kind von seiner Religion überzeugen möchte. Religion hat meines Erachtens in der Schule, außer im Religionsunterricht, keinen Platz.

Abduls Mutter verspricht dies widerwillig, Abdul hält sich an die Vereinbarung. Wenige Wochen später bekommt er sein Abschlusszeugnis, und ich sehe ihn nie wieder. Joel wendet sich vom Islam wieder ab, Marcel bleibt beim Islam.

„Ich bin konviert oder sowas"

Daniel geht in die erste Klasse, er ist zwei Jahre überaltrig. Das kommt öfter vor, im Schuleintrittsalter kam er in die Vorschule, die vierte Klasse Volksschule hat er wiederholt. Daniel fühlt sich wohl in seiner Klasse, er mag die Mittelschule. Auch für ihn gilt wie für die meisten Kinder „Zeige mir deine Freunde, und ich sage dir, wer du bist." Seine Freunde sind die eher auffälligen und zumeist ebenfalls überaltrigen Klassenkameraden. Als ich während des Ramadan im Speisesaal bin und beobachte, wer fastet und wer nicht, und mich darüber mit den Kindern unterhalte, mischt sich Daniel in das Gespräch ein:

„Ich sollte auch fasten. Ich habe es versucht, aber ich habe es nicht geschafft."

Etwas verblüfft frage ich ihn, warum er fasten wollte.

„Ich bin jetzt konviert oder sowas, ich weiß nicht genau, wie das heißt."

„Aber was sagen deine Eltern dazu?" Ich kenne Daniels Eltern und weiß, dass sie das sicher nicht befürworten würden.

„Mein Vater mag das eh nicht. Aber egal, ich hab's halt gemacht. Murat hat's mir erklärt."

Daniel ist ein einfaches Kind, er trägt das Herz auf der Zunge. Gleich am nächsten Tag in der Früh ist Murat bei mir. Murat ist ebenfalls im siebenten persönlichen Schuljahr, er möchte die Schule jetzt schaffen und keine Probleme haben. Er versucht, die Geschichte ein bisschen zu verharmlosen.

„Daniel hat mich gefragt, er wollte auch Muslim sein, dann habe ich es ihm erklärt."

Schnell stellt sich heraus, dass Daniel nicht der Einzige in dieser Klasse ist, den Murat zum Islam überreden wollte. Ich lade auch die Mutter vor, Murat und seine Mutter versprechen, dass derartiges nicht mehr vorkommen wird. Daniel und Murat schaffen es diesmal in die nächste Klasse, Freunde bleiben sie ebenfalls.

Martin konvertiert zum Islam, um nicht gemobbt zu werden

Diese Geschichte wurde mir zugetragen, die Quelle ist verlässlich:

Martin geht in die vierte Klasse einer AHS. Die tonangebenden Burschen in der Klasse sind muslimisch. Martin ist nicht gut in die Klasse integriert, er wird immer wieder gemobbt und gehänselt. Im Ramadan bieten ihm die Burschen als Lösung an, zum Islam zu konvertieren. Als Muslim wäre er einer von ihnen, und sie würden ihn nicht mehr quälen. Martin spricht das Glaubensbekenntnis und konvertiert damit zum Islam. Nun ist er ein Teil der Gruppe, seine Schulangst ist weg, er wird in der Gruppe anerkannt.

Auch seine Mutter ist froh über diese Entwicklung. Auf den Hinweis, dass dies nicht rückgängig zu machen sei, reagiert sie entspannt. Nach diesem Schuljahr würde Martin in eine andere Schule wechseln. Dort werde niemand etwas von seiner Konversion wissen, er könne wieder zu seiner alten Religion zurückkehren und mit seiner Mutter in die evangelische Kirche gehen.

Seit Jahrhunderten ist die systematische Diskriminierung von Juden und Christen die effektivste Methode zur Islamisierung. Dies geht auf Mohammed selbst zurück. Dhimmis, so werden Juden und Christen unter islamischer Herrschaft genannt, müssen besondere Steuern bezahlen, die Jizya-Steuer, um dort weiterleben zu können. Nach Mohammeds Tod konkretisierte der Kalif Umar diese Bedingungen für Juden und Christen. Um diesem Druck zu entkommen, konvertieren bis heute Menschen zum Islam (siehe Vertrag von Umar).

Religionsfreiheit gibt es nur in eine Richtung

In Österreich sagt das Gesetz, dass man ab dem vierzehnten Geburtstag seine Religion selbst wählen darf. Dafür benötigt man kein Einverständnis der Erziehungsberechtigten, die Wahl oder der Wechsel der Religion ist sogar gegen den Willen der Eltern möglich. Für mich stellt sich angesichts der aktuellen Entwicklungen die Frage, ob hier nicht eine Gesetzesänderung notwendig ist.

Die islamische Lehre widerspricht nämlich diesem Gesetz. Der Austritt aus dem Islam ist aus Sicht der Lehre nicht möglich, Abfall vom Glauben kann mit dem Tode bestraft werden.

Mohammed: „Ein Muslim, der zugegeben hat, dass es keinen Gott gibt außer Allah, und dass Ich Sein Prophet bin, darf nicht getötet werden außer aus drei Gründen: als Strafe für Mord, wegen Ehebruchs und wegen Apostasie." (Hadith Bukhari 9,83,17)

Damit eine seriöse Analyse über Religionszugehörigkeit bzw. Konversionen überhaupt möglich ist, müssten Daten zur Verfügung gestellt werden. Dazu müsste jede Religionsmitgliedschaft überhaupt erst amtlich erfasst werden. Auf Dokumenten soll die Religionszugehörigkeit selbstverständlich weiterhin nicht aufscheinen. Derzeit erhalten wir von den Eltern nur mündliche Informationen über die Religionszugehörigkeit, Dokumente können sie nicht vorweisen (Ausnahme römisch-katholisch).

Religionsfreiheit und andere Regeln

Nela, eine Familiengeschichte aus Afghanistan

Nela, ein afghanisches Mädchen: Noch vor Kurzem sehr offen und von österreichischen Mädchen weder in der Kleidung noch im Verhalten zu unterscheiden, verändert sie sich zusehends. Sie kleidet sich nicht der Jahreszeit und dem Wetter entsprechend, sondern trägt langärmelige lange Kleider, schließlich trägt sie auch ein Kopftuch. Gleichzeitig wird sie den meisten Klassenkameradinnen gegenüber immer verschlossener.

Als Nela nach den Osterferien noch „verhüllter“ in die Schule kommt, sehen wir die Notwendigkeit, uns intensiver damit zu beschäftigen. Auf Nachfrage erklärt Nela zuerst, ihr Bruder bestehe darauf, dass sie sich so kleidet. Wenige Minuten später revidiert sie jedoch ihre Aussage und behauptet, dass dies ausschließlich ihr eigener Wunsch sei.

Am darauffolgenden Tag, ich überlege immer noch, wie ich reagieren soll, erhalte ich einen Anruf vom Jugendamt: Ich erfahre, dass der Bruder von Nela Anzeige erstattet hat. Der gemeinsame Vater hätte sie geschlagen. Ich versuche, das Jugendamt zu informieren, dass wir uns Sorgen machen, weil Nela immer „verhüllter“ zur Schule kommt und offenbar der Bruder damit zu tun habe.

Die Dame vom Jugendamt ist wenig beeindruckt und tut dies als pubertären Widerstand gegen die Eltern ab. Besorgniserregend und zu überprüfen sei nur die offenbare Gewalt des Vaters. Bereits hier sind wir uns nicht einig, und ich lade den Vater vor. Der Vater kommt meiner Aufforderung bereitwillig und rasch nach.

Ich erfahre folgende, für mich glaubwürdige Geschichte, die sich später auch in einem Gespräch mit der Mutter und auch mit Nela bestätigt: Der inzwischen ungefähr fünfundzwanzigjährige Sohn hat sich seit einigen Jahren immer mehr radikalisiert, was schließlich dazu geführt hat, dass die Eltern ihn gezwungen haben, auszuziehen und sich eine eigene Wohnung zu suchen.

Leider scheint die Radikalisierung zu diesem Zeitpunkt schon sehr weit fortgeschritten zu sein. Nela leidet von Anfang an unter dem Auszug ihres älteren Bruders und hat trotz Verbots der Eltern wieder Kontakt zu ihm aufgenommen. Auch sie scheint dadurch ebenfalls immer mehr in islamistisches Gedankengut eingetaucht zu sein. Wegen des Kontaktverbots haben sich die beiden Geschwister offenbar den gewalttätigen Vater ausgedacht, um zu erreichen, dass Nela in weiterer Folge zu ihrem Bruder ziehen kann.

Wir können Nela zumindest für den Rest des Schuljahres „einfangen“, auch einen gemäßigteren Kleidungsstil in der Schule vereinbaren wir mit den Eltern. Ich glaube nicht, dass wir Nela von ihrem Weg letztendlich abbringen konnten. Nach unseren Informationen hat sie den Kontakt zum Bruder nie abgebrochen, die Radikalisierung scheint auch bei ihr fortgeschritten zu sein. Die Eltern haben Nela wohl „verloren“.

Kinderehe, Zwangsehe und FGM

Immer wieder hört und liest man, dass Mädchen gegen ihren Willen verheiratet werden, zum Teil betrifft das sehr junge Mädchen. Eines meiner ersten Bücher, welches ich zu diesem Thema gelesen habe, war Necla Keleks „Die fremde Braut“ (2005). Sie fordert darin zum Beispiel, das gesetzliche Mindestalter für Aufenthaltsbewilligungen aufgrund von Eheschließungen massiv anzuheben. Inzwischen habe ich in den letzten Jahren selbst einiges zum Thema Kinderehe, Zwangsehe und FGM mitbekommen, die Theorie in der Literatur ist leider durch berührende Schicksale in meinem Umfeld Realität geworden.

Auf der Straße fällt mir immer wieder ein junges, zart gebautes Mädchen auf, das mir mit ihrer kleinen Schwester entgegenkommt, wenn ich in die Schule gehe. Beide sind in Abaya und Niqab gekleidet, man sieht nur das Gesicht der beiden Mädchen. Die Geschichte ist schon einige Jahre her, damals war diese Kleidung sehr selten anzutreffen. Heute gehört sie in vielen Teilen Wiens und auch in einigen Klassen zum Alltagsanblick.

Eines Tages erscheint dieses Mädchen mit ihrer Mutter bei mir in der Direktion. Aysha ist anders, als ich angenommen hatte. Ein selbstbewusstes Mädchen, das genau weiß, was sie will. Ayshas Mutter kann nicht Deutsch sprechen, daher erklärt sie mir selbst, dass sie die Schule wechseln möchte. Sie geht derzeit in eine islamische Schule und findet, dass sie dort nicht genug lernt. Daher möchte sie in die öffentliche Schule wechseln.

Der Schulwechsel wird genehmigt, Aysha kommt in eine zweite Klasse. Sie ist sehr fleißig und bekommt gute Noten. Als sie im darauffolgenden Schuljahr in die dritte Klasse aufsteigt, beginnt ihre Schwester Layla in der ersten Klasse. Mit beiden Mädchen gibt es keine Probleme, beide lernen brav und fleißig. Die Mutter sehe ich selten.

Irgendwann beginnt ein junger Mann mit langem Bart, Aysha immer wieder abzuholen. Schließlich finden wir heraus, dass dies ihr Bruder ist, der als Familienoberhaupt auf sie aufpasst. Der Vater ist gestorben, und nach islamischem Recht muss ein Mann die Rolle des Familienoberhauptes übernehmen, Ayshas Bruder ist der einzige Mann in der Familie. Wir sehen den Bruder seltener, Aysha beginnt, in der Schule ihre Abaya in den Spind zu geben und bewegt sich in Jeans und mit Kopftuch durch die Schule. Bevor sie das Haus verlässt, zieht sie ihr langes Gewand wieder an.

Eines Tages erscheint ihr Bruder in der Schule und sieht Aysha in westlicher Kleidung. Danach fehlt sie mehrere Tage. Wir machen uns Sorgen. Nach einer Weile taucht sie erfreulicherweise wieder auf, sie legt die Abaya aber nicht mehr ab und ist noch verschlossener. Schulisch ist sie nach wie vor eine sehr gute Schülerin.

Es kommt der Sommer. Aysha hat die dritte Klasse mit guten Noten geschafft und steigt in die Abschlussklasse auf, Layla kommt in die vierte.

Nach dem Sommer zeigt Aysha Fotos von einer großen tschetschenischen Feier auf ihrem Handy. Schnell stellt sich heraus, es sind Hochzeitsfotos: Aysha wurde im Sommer mit einem über zwanzigjährigen jungen Tschetschenen verheiratet. Ernüchternd ihre Reaktion, als ich sie darauf anspreche:

„Herr Direktor, warum regen Sie sich so auf? Alle tschetschenischen Mädchen in meinem Alter sind verheiratet. Nur von den anderen wissen Sie es nicht, weil sie nicht mehr in die Schule gehen."

Sie nennt mir ein paar Beispiele. Von manchen erzählt sie, dass sie nun irgendwo in Europa bei einem Mann wohnen, den sie nicht kennen, weit weg von ihrer Familie. Aysha findet, sie hat Glück. Ihr Mann lebt mit seiner Familie in Graz, und sie darf sogar nach Wien pendeln, um die Schule abzuschließen.

Aysha ist im zehnten Schuljahr, im Herbst wird sie 16 Jahre alt. Wir behaupten gegenüber der Mutter, dass sie schulpflichtig sei und daher regelmäßig in die Schule kommen soll. Wir versuchen, das Jugendamt einzuschalten. Leider kann uns da niemand helfen, da Aysha nur in der Moschee geheiratet hat, am Standesamt liegen, wenig überraschend, keine Daten vor.

Ich erfahre vom „Verein Orient Express", einem Verein, der Mädchen, die sich in ähnlichen Situationen wie Aysha befinden, hilft. Der Verein setzt sich wirklich sehr für diese Mädchen ein, letztlich können sie aber auch nur so weit unterstützen, wie die Hilfe auch von den Betroffenen angenommen wird.

Aysha möchte unterdessen nicht mehr bei ihrem Mann bleiben, da dieser ihr nun die Schule doch verbieten will. Eines Tages kommt sie und bittet uns um Hilfe: Die Familie ihres Mannes möchte nach Wien kommen, sie abholen, nach Graz bringen und nicht wieder zurückkehren lassen.

Wir verständigen die Polizei. Laut Erzählungen sind die Beamten vor Ort, als Aysha geholt werden soll. Die Abholung gelingt nicht, Aysha bleibt in Wien. Sie kann die Schule abschließen, aber danach verlieren wir den Kontakt. Auch Layla beendet ihre Pflichtschule bei uns, über Aysha spricht sie nicht.

Von „Orient Express" erfahre ich, dass es viele ähnliche Fälle gibt. Manchmal können sie helfen, sehr oft leider nicht.

Immer wieder berichten Mädchen nach ihrem Schulabschluss von ähnlichen Fällen. Ob es Gerüchte sind oder bittere Realität, können wir nicht überprüfen, da wir zu den betroffenen Mädchen keinen Kontakt herstellen können.

„Wenn ich Glück habe, sucht mein Vater einen Mann aus, der mich nicht schlägt"

Nach all den Erlebnissen der letzten Jahre werde ich bei diesem Thema hellhöriger, manchmal suche ich auch das Gespräch. Ich habe den Verein „Orient Express" gebeten, Workshops in unserer Schule durchzuführen. Durch diese Workshops sprechen manche Mädchen etwas offener über das Thema Zukunft und Ehe. Halima, ebenfalls ein tschetschenisches Mädchen, ist ein sehr aufgewecktes, intelligentes Kind. In der dritten Klasse wird sie zur Schulsprecherin gewählt. Immer wieder kommen wir ins Gespräch. Halima trägt kein Kopftuch, sie ist westlich gekleidet, einmal mit Kleid, ein anderes Mal mit Jeans. Bei ihren zwei älteren Schwestern war das anders: Eine trug Kopftuch, aber europäische Kleidung, die andere Abaya und Niqab. Das hat nichts damit zu tun, dass sie die kleinere Schwester ist, als Kinder dürfen sie sich selbst entscheiden, wie sie sich kleiden, nur zu freizügig darf es nicht sein.

Halima organisiert viel für die Schule, sie kommt immer wieder mit Anliegen ihrer Mitschülerinnen und Mitschüler zu mir. Als wir einmal über ihre Zukunft sprechen, wird sie stiller. Ihr Leben sei vorbestimmt, denn tschetschenische Mädchen haben nur die Aufgabe, ihrem Mann zu dienen und Kinder zu bekommen.

Ich mache ihr Hoffnung und biete Unterstützung an.

„Man kann aus diesem System ausbrechen. Wenn du möchtest, lade ich ‚Orient Express' wieder für ein Gespräch ein."

Die Antwort ist ernüchternd:

„Herr Direktor, Sie verstehen das nicht: Wir tschetschenischen Mädchen sehen hier in Österreich das freie Leben, aber wir werden niemals frei sein. In ein paar Jahren wird mein Vater einen Mann für mich aussuchen. Wenn ich Glück habe, wählt er einen aus, der mich nicht schlägt und nicht zum Kopftuchtragen zwingt. Wenn ich großes Glück habe, darf ich vielleicht sogar arbeiten gehen."

Natürlich gibt es auch andere Beispiele: Farinas Mutter zum Beispiel ist ebenfalls Tschetschenin, sie ist Alleinerzieherin ohne Partner und hat sich aus der tschetschenischen Community gelöst. Sie trägt kein Kopftuch, ist europäisch gekleidet und geht einer geregelten Arbeit nach. Sie ist auch im Elternverein aktiv. Farina selbst ist ein stilles und unauffälliges Mädchen. Weder an ihrer Sprache noch an ihrer Kleidung oder ihren Aktivitäten kann man erkennen, woher sie kommt. Die Voraussetzungen sind gut für Farina, ein selbstständiges Leben zu führen. Eine echte Chance darauf gibt es offenbar nur außerhalb der Community.

„Ich komme nicht zurück, ich habe geheiratet."

Bahira, ein syrisches Mädchen, kommt zu uns in die Schule. Sie ist mit ihrer Familie gerade neu in Österreich angekommen. Sie lernt schnell und hat große Pläne.

Etwa ein Jahr später bittet der Vater um Freistellung für eine Woche, ein Familienbesuch in Bulgarien steht an. Die schulfreien Tage werden von mir genehmigt. Nach Ablauf der Woche kehrt Bahira nicht zurück, auch von der Familie keine Spur.

Einige Wochen später kommt eine der Lehrerinnen, die in der Deutschförderklasse unterrichten, zu mir und zeigt mir Fotos von Bahiras Hochzeit.

„Sie hat mir geschrieben, dass sie sich beim Familienbesuch verliebt hat und gleich dortgeblieben ist. Schau dir die schönen Fotos an."

Ich bin weniger begeistert, Bahira ist erst 15, ich kann mir nicht vorstellen, dass diese Hochzeit freiwillig war. Überprüfen können wir das nicht, es gibt keinen weiteren Kontakt.

Kinderehe, Zwangsehe im Islam

Ehe im Islam ist nicht zu vergleichen mit dem, was bei uns unter Ehe verstanden wird. Frauen können gegen ihren Willen verheiratet werden, auch die Kinderehe hat Wurzeln in der islamischen Lehre. (Hadith Bukhari 5, 58, 234; Hadith Muslim 8, 3311)

Frauen sind dem Mann unterworfen, sie müssen sexuell verfügbar sein, dürfen das Haus nur mit männlichem Vormund verlassen und dürfen geschlagen werden. (Scharia [m3.7]; Koran 4, 34)

Hadith [Bukhari 7,62,64] überliefert von ‚Aischa: dass der Prophet sie heiratete, als sie sechs Jahre alt war, und er vollzog seine Ehe, als sie neun Jahre alt war, und dann blieb sie neun Jahre lang bei ihm (d. h. bis zu seinem Tod).

Viele Muslime heiraten nicht am Standesamt, sondern nur in der Moschee. Dort gilt islamisches Recht: Mädchen können bereits vor Erreichen des gesetzlichen Mindestalters von 18 bzw. mit Einverständnis der Eltern bereits mit 16 Jahren verheiratet werden, ein Mann kann bis zu vier Frauen heiraten. Am Standesamt scheint dies alles nicht auf.

Hier könnte ein einfaches Gesetz, das vorgibt, dass religiöse Hochzeiten ausschließlich nach einer standesamtlichen Eheschließung erlaubt sind, helfen. Sanktionen für religiöse Würdenträger und Strafen für erwachsene Männer bzw. die beteiligten Eltern, die ein minderjähriges Mädchen illegal verheiraten, müssten dieses Gesetz begleiten. Eine Aufhebung der Ausnahmeregelungen für unter 18-Jährige hielte ich ebenfalls für sinnvoll.

Plötzlich steht Waris Dirie, die Wüstenblume, bei mir in der Tür

Eines Tages steht eine somalische Frau in der Tür zu meiner Direktion. Ihr Sohn wurde meiner Schule zugewiesen. Im Gespräch erzählt sie mir, dass sie Frauenrechtsaktivistin ist. Sie erzählt auch, dass sie ein Buch über sich geschrieben hat. Die Anmeldemodalitäten sind längst abgeschlossen, aber wir plaudern noch weiter.

Im Laufe des Gesprächs lüftet sie das Geheimnis: Sie ist Waris Dirie, die Wüstenblume. Die nächsten drei Jahre ist Waris' Sohn eine besondere Aufgabe. Er lernt sehr schnell Deutsch, insgesamt ist Lernen aber nicht seine Lieblingsbeschäftigung. Zwischendurch findet er auch manchmal falsche Freunde. Letztlich aber ist er mit einem ganz besonderen jungen Mann befreundet, er entwickelt sich gut, macht seinen Abschluss und hat verschiedene Pläne für sein weiteres Leben. Doch hier ist nicht Waris' Sohn das Thema, sondern ihre beeindruckende Persönlichkeit, ihre Lebensgeschichte und die Themen, mit denen sie sich beschäftigt:

Ich kann mich erinnern, in den ersten Jahren meiner Lehrertätigkeit hat sich eine Kollegin intensiv mit dem Thema weibliche Genitalverstümmelung, korrekt FGM = Female Genital Mutilation, beschäftigt. Sehr oft besprach sie das Thema mit den Kindern. Diese konnten damit nichts anfangen, und ich dachte auch: „Wozu? Das Thema ist so weit weg, irgendwo in Afrika. Unsere Kinder haben genügend eigene Probleme."

Zum ersten Mal kam ich mit diesem Thema in Kontakt, als eine befreundete Volksschuldirektorin mir Folgendes erzählte: „Vor Kurzem kam eine ägyptische Familie zu mir, um ihren Sohn anzumelden. Jahre vorher war seine Schwester bei uns, also erkundigte ich mich, wie es ihr geht. Ich bekam als Antwort, alles sei gut, sie hätte Matura gemacht, nun würde sie studieren. Aber jetzt wäre es dringend notwendig, mit ihr nach Ägypten zu fliegen, um sie beschneiden zu lassen. In der ägyptischen Community würde sie sonst keinen Mann finden, und jemand anderer käme keinesfalls in Frage."

Ich war schockiert, erzählte die Geschichte oft weiter. Unter anderem berichtete ich das einem Freund, der im Integrationsbereich beschäftigt ist. Er reagierte nicht so geschockt wie ich: „Ja, das kommt leider oft vor, aber jetzt müsste sie dafür nicht mehr nach Ägypten fliegen. Es gibt offenbar

Möglichkeiten, das auch in Wien durchführen zu lassen. Wir haben aber keine Chance, Näheres herauszufinden."

Über Waris lernte ich auch den Manager der „Desert Flower Foundation" kennen, inzwischen sind wir gute Freunde geworden. Durch ihn habe ich mich mit dem Thema FGM intensiver befasst, obwohl das Thema insgesamt sehr bitter ist: FGM ist in Europa angekommen, die Anzahl der Fälle von Beschneidungen von Frauen und Mädchen nimmt rasant zu. Nicht nur die Reisen in Länder, wo das üblich ist, auch die Möglichkeiten, diese Verstümmelung von Mädchen und Frauen in Europa und auch in Österreich durchführen zu lassen, nehmen zu. Wir können also davon ausgehen, dass unsere Schülerinnen, so sie aus bestimmten Ländern stammen, beschnitten, also an ihren Genitalien verstümmelt wurden.

Genitalverstümmelung wurde auch schon in der vorislamischen Zeit praktiziert, es gibt vor allem in Afrika, dem Nahen Osten, Südasien und auch in anderen Kulturkreisen diese Form der Körperverletzung an Frauen und Mädchen. Während aber alle westlichen Rechtsordnungen FGM verbieten, ist FGM im islamischen Recht geregelt. Im Koran wird FGM nicht ausdrücklich erwähnt, es gibt einige Hadithe darüber, und auch eine Passage in der Sira (der Biografie Mohammeds) gibt den Inhalt eines der Hadithe wieder. (Hadith [Tirmidhi, Jami, 1, 108]; Hadith [Muslim 785]; Muslim 003, 0684; Sira [Ibn Ishaq I363])

Auch in der Scharia wird FGM gutgeheißen. „Die Beschneidung ist obligatorisch (für jeden Mann und jede Frau), indem das Stück Haut an der Eichel des Penis des Mannes abgeschnitten wird, aber die Beschneidung der Frau erfolgt durch das Herausschneiden der Klitoris [dies wird khaffad genannt]." Scharia [The Reliance of the Traveller e4.3, arabischer Originaltext von Ahmad Ibn Naqib al-Misri]

Islamische Rechtsgutachten, sogenannte Fatwas, bestätigen die Notwendigkeit von FGM: Fatwa [Ibn Taymiyah, Majmu al-Fatawa, 21:114]: „Aber der Zweck der Beschneidung von Frauen ist, ihr Verlangen zu regulieren, denn wenn eine Frau nicht beschnitten ist, wird ihr Verlangen stark sein."

Die Landkarte, in welchen Ländern FGM traditionell durchgeführt wird, und die Landkarte islamischer Länder gleichen einander sehr stark. (https://en.wikipedia.org/wiki/Prevalence_of_female_genital_mutilation)

Inzwischen ist diese Praktik aber in der Mitte Europas angekommen. Auch in Österreich wird sie bereits durchgeführt. Ich denke, darüber erschüttert zu sein, ist zu wenig. Es bedarf konkreter Maßnahmen: Anzeigepflicht ist ein unbedingtes Ziel. Gleichzeitig braucht es ein System, Beschneidungen aufzudecken, zum Beispiel durch verpflichtende regelmäßige Untersuchungen des Genitalbereichs von Mädchen und jungen Frauen. Die Strafen für die Eltern betroffener Mädchen müssen zwingend und hart sein (zum Beispiel unbedingte Haft ohne Bewährung). Das Gleiche gilt für jene, die FGM durchführen, sollte es sich dabei um Ärztinnen oder Ärzte handeln, selbstverständlich begleitet von absolutem Berufsverbot.

„Der Gesandte Allahs sagte: Wenn jemand inmitten von vier Teilen (der Frau) sitzt und die beschnittenen Teile einander berühren, ist ein Bad obligatorisch." (Hadith Muslim 003, 0684)

Antisemitismus und Judenhass

Antisemitismus und Judenhass vieler Muslime ist gerade seit dem 7. Oktober 2023 deutlich hervorgetreten. Ich denke, hier muss man viel entschiedener entgegentreten.

„Das geht nicht, dort dürfen wir nicht einkaufen"

Die befreundete Direktorin einer Volksschule veranstaltet ein Schulfest. Als Verpflegung gibt es unter anderem Frankfurter, natürlich werden Putenfrankfurter gekauft, da Schweinefleisch inzwischen bei Schulfesten tabu ist.

Das Fest ist in vollem Gange, es gibt Kinderaufführungen, Spielstationen und vieles mehr, die Stimmung ist gut. Plötzlich fällt der Direktorin auf, dass vergessen wurde, Semmeln für die Frankfurter zu kaufen. Sie bittet eine engagierte türkische Mutter, die ein Kopftuch trägt, zum nahegelegenen Supermarkt zu gehen, um 100 Semmeln zu kaufen. Verlegen lehnt die Mutter ab, sie könne dort nicht einkaufen. Ihr Mann kommt dazu und sucht nach Lösungen, schließlich ist es so ein schönes Fest. Letztlich entscheidet er, er würde selbst schnell zu diesem Supermarkt laufen, um die Semmeln zu holen, denn seine Frau würde sofort von anderen Muslimen durch das Kopftuch erkannt werden, er könne schnell in den Supermarkt hineinhuschen und hoffen, die Semmeln schnell und unerkannt zu kaufen.

Der Grund für den Boykott: Diese Supermarktkette gehört einer jüdischen Familie, und es ist guten Muslimen nicht erlaubt, dort einkaufen zu gehen. Letztlich kommen die Semmeln an, das Schulfest geht so zu Ende, wie es begonnen hat: Ein voller Erfolg, alle genießen es, eine nachdenkliche Schulleiterin bleibt zurück.

Was sollen wir jetzt machen, wir dürfen da nicht rein …

Zwei erste Klassen unternehmen eine Exkursion in ein Museum. Die Kinder sind gut vorbereitet, bei der Führung im Museum hören sie aufmerksam zu.

Am Rückweg bleiben noch etwa 20 Minuten bis zur vereinbarten Rückkehr, und die begleitenden Lehrpersonen denken, sie würden den Kindern eine Freude machen, wenn sie bei einer McDonald's-Filiale haltmachen, damit die Kinder sich etwas kaufen können. Die Kinder bleiben ratlos stehen: „Was sollen wir jetzt 20 Minuten lang machen? Wir dürfen da nicht rein", fragen sie.

Im Zuge späterer Nachforschungen erfahren wir, dass seit dem Ausbruch des Krieges im Nahen Osten am 7. Oktober 2023 Muslime diese Restaurantkette boykottieren. Auch für andere Geschäfte, wie zum Beispiel für eine bekannte Modekette, gilt der Aufruf, diese Geschäfte zu meiden, da sie angeblich Israel unterstützt haben. Diesem Boykottaufruf folgen die meisten Muslime, aber auch einige Gruppierungen, die pro-palästinensisch eingestellt bzw. eine Haltung gegen Israel einnehmen.

Es gab offenbar schon vor dem 7. Oktober eine Liste von Geschäften, in die man als guter Muslim einkaufen gehen soll bzw. darf, und solche Geschäfte und auch Produkte, die verboten sind, wobei hier nicht Halal-Zertifikate gemeint sind. Die Regel lautet: Alles, was unter islamischem Besitz oder unter islamischer Führung produziert wird, wird empfohlen, Produkte von nicht-islamischen Firmen sind erlaubt. Streng verboten sind aber Geschäfte und Waren, die in irgendeiner Beziehung zu Juden stehen.

„Mein Mund wird schmutzig“

Eine Lehrerin bringt Zeynep zu mir in die Direktion. Im Unterricht werden gerade die Weltreligionen durchgenommen, doch Zeynep weigerte sich, diese alle aufzuzählen.

Ich frage das Mädchen nach dem Grund und bitte sie, jene aufzuzählen, die sie sich gemerkt hat. Daraufhin kommen vier der fünf Religionen sofort als Antwort, das Judentum fehlt jedoch. Trotz mehrmaliger Aufforderung bleibt sie bei ihrer Weigerung, das Wort „Judentum“ auszusprechen, dies würde sonst ihren Mund beschmutzen, erklärt sie.

Schließlich gelingt es mir unter Androhung von Konsequenzen, dass sie auch diese Religion nennt. Ziemlich beste Freunde werden wir wohl nicht mehr werden.

„Warum seid ihr so gemein, ich bin doch gar keine Christin“

Shirin, ein süßes kleines Mädchen mit Kopftuch, kommt zu mir und beschwert sich, dass die anderen in Sport so gemein zu ihr gewesen seien und sie alle gleichzeitig sehr fest mit Bällen auf sie geschossen hätten. Da die beschuldigten Kinder bereits die Schule verlassen haben, vertröste ich sie auf den nächsten Tag.

Sie kommt am nächsten Tag gleich in der Früh in die Direktion. Eine Kollegin bemerkt das und fragt mich, ob sie wegen des Vorfalls am Vortag hier sei. Ich bejahe, worauf mir die Kollegin erzählt, dass das Mädchen tatsächlich gemein behandelt worden ist. Ich möge aber bitte nachfragen, was Shirin danach gesagt habe. Sie habe nämlich gerufen: „Warum seid ihr alle so gemein zu mir? Ich bin doch gar kein schlechter Mensch, ich bin keine Christin!“

Im anschließenden Gespräch bestätigt mir das Mädchen das Gesagte. Auf den Hinweis, dass ich Christ sei, und meine Frage, ob ich jetzt ein schlechter Mensch sei, schüttelt sie nur verlegen den Kopf. Dabei habe ich es belassen, die Mädchen, die sie am Vortag mit Bällen beschossen hatten, wurden natürlich verwarnt.

Hass auf alles Jüdische

Judenhass ist in den islamischen Texten zu finden. Mohammed hatte sich im 7. Jahrhundert mehr Unterstützung von den Juden erwartet, da er ja den Glauben an nur einen Gott predigte. Da die Juden ihn weder anerkannten noch unterstützten, wurden sie zum Feindbild erklärt. Die Juden werden als der schlimmste Feind aller Völker bezeichnet (Koran 5:82), von allen geschaffenen Wesen sind sie die verachtenswertesten (Koran 98:6), die auf jeden Fall bekämpft werden müssen. (Koran 9, 29) Jüdische Frauen zu vergewaltigen ist leider gemäß der islamischen Lehre auch kein Vergehen.

Der zwölfte Imam der iranischen Schiiten

Die Schiiten im Iran sind Zwölferschiiten, lange Zeit habe ich diese Bezeichnung zur Kenntnis genommen, ohne mich näher damit zu beschäftigen. Als ich ein langes Gespräch mit einer wichtigen Persönlichkeit der katholischen Kirche habe, kommen wir auch auf die Situation im Nahen Osten zu sprechen. Dass es das Ziel der aus der Muslimbruderschaft heraus entstandenen Hamas sei, Israel und alle Juden zu vernichten, sind wir uns schnell einig, aber warum mischt der Iran so intensiv mit? Ich erfahre wieder einmal etwas Neues: Im Iran sind die sogenannten Zwölferschiiten an der Macht. Der zwölfte Imam, er ist der Erlöser der Zwölferschiiten, kann erst kommen, wenn der Kampf gegen die Juden gewonnen ist.

Sehr bekannt wurde ein Hadith, weil er auch in der Gründungscharta der Hamas zu finden ist:

Der Gesandte Allahs sprach: „Die Jüngste Stunde wird nicht kommen, bis die Muslime gegen die Juden kämpfen, und die Muslime sollen sie alle töten. Und wenn sich ein Jude hinter einem Stein oder einem Baum versteckt, so wird der Stein oder der Baum laut sprechen: ‚O Muslim, da ist ein Jude hinter mir! Komm und töte ihn!'" (Sahih Muslim, Buch 41, Hadith 6985)

„Der Islam wird siegen"

Hatice hat sich sehr verändert. Noch vor zwei Jahren war Religion kein Thema für sie, doch jetzt, in der vierten Klasse, ist das Thema Islam omnipräsent. Egal, worüber man mit Hatice spricht, nach kurzer Zeit geht es um ihre aus ihrer Sicht einzige Religion, den Islam.

Hatice ist längere Zeit krank. Es ist nicht absehbar, wann sie wieder zur Schule gehen kann, ihre Hefte und Bücher bleiben unordentlich auf ihrem Tisch und in ihrem Bankfach liegen. Daher beschließt der Klassenvorstand, nicht auf ihre Rückkehr zu warten, sondern ihren Platz aufzuräumen. Zum Vorschein kommt dabei die Rückseite ihres Deutschbuches: In großen Buchstaben steht darauf: „Der Islam wird siegen."

Als Hatice wieder in die Schule kommt, frage ich nach

der Bedeutung dieser Aufschrift. Hatice findet, dies falle unter Meinungsfreiheit. Ihre Mutter ist zwar auch der Ansicht, dass man so etwas nicht auf ein Schulbuch schreiben sollte, versteht aber die große Aufregung nicht. Das Schuljahr dauert nicht mehr lange, Hatice beendet die vierte Klasse positiv.

„Der Islam wird siegen" ist ein Kerngedanke der islamischen Lehre, der sich durch alle Schriften zieht. Friedliche Koexistenz mit anderen Religionen wird nur gelebt bzw. respektiert, solange man sich in der Minderheit befindet. Das Ziel ist aber ein anderes: nämlich irgendwann die Mehrheit zu sein.

„Er ist es, Der Seinen Gesandten mit der Rechtleitung und der Religion der Wahrheit gesandt hat, um ihr die Oberhand über alle Religion zu geben, auch wenn es den Götzendienern zuwider ist." (Koran 9:33)

„Ich bin damit beauftragt, Krieg gegen die Menschheit zu führen, bis sie anerkennt, dass es keinen Gott gibt außer Allah, und glauben, dass ich sein Prophet bin, und alle Offenbarungen annehmen, die durch mich verkündet werden. Wenn sie all das tun, werde ich ihr Leben und ihr Eigentum schützen, es sei denn, es ist durch das islamische Gesetz anders bestimmt; in solchen Fällen liegt ihr Schicksal in Allahs Händen." (28 Hadith Muslim 1, 31 Mohammed)

Die islamischen Schriften sehen den Islam als überlegene Religion

Ihr Ziel ist die Uma, die Vereinigung aller Menschen als Muslime.

Die islamische Lehre fordert Muslime dazu auf, Nicht-Muslime vom Islam zu überzeugen. Gelingt das nicht, soll keine Freundschaft gepflegt werden. Mohammed, als er noch keine Macht besaß, war durchaus anpassungsfähig und flexibel. Dies ändert sich, sobald die politische Macht des Islam etabliert und stark ist. Im Koran gilt das Gesetz der Abrogation. Die gewalttätigen späteren (medinensischen) Suren ersetzen die früheren friedlicheren (mekkanischen) Suren.

„Euch euer Glaube, und mir mein Glaube." (Koran 109:6) wird abrogiert von: „Verflucht, wo immer sie gefunden werden, sollen sie ergriffen und niedergemetzelt werden." (Koran 33:61)

Abhängig von der Macht des Islam in einer Region gilt der eine oder der andere Vers. Mohammed gilt als das beste Beispiel. (Koran 47:33; Sira Vertrag Hudaybiya I 750;)

„O ihr, die ihr glaubt, nehmt euch nicht die Juden und Christen zu Freunden, sie sind untereinander Freunde, und wer von euch sie zu Freunden nimmt, siehe, der ist von ihnen. Siehe, Allah leitet nicht ungerechte Leute." (Koran 5:51)

„Kämpft gegen diejenigen, die nicht an Allah und nicht an den Jüngsten Tag glauben und nicht verbieten, was Allah und Sein Gesandter verboten haben, und nicht die Religion der Wahrheit befolgen von denjenigen, denen die Schrift gegeben wurde, bis sie den Tribut aus der Hand entrichten und gefügig sind!" (Sure 9:29)

Das Darura-Prinzip

In der islamischen Lehre gilt der Grundsatz der Darura, sofern sich der Muslim in einem nicht-islamischen Land aufhält, in dem die Scharia nicht angewendet wird. Darura heißt auf Arabisch: „Notwendigkeit, Dringlichkeit". Kurz zusammengefasst: „Notwendigkeit überwindet Verpflichtung."

Dieses Prinzip befreit Muslime von verpflichtenden Handlungen, ohne dass sie eine Sünde begehen, wenn die Situation sie dazu zwingt. Das Prinzip der Darura ist universell und kann auf das gesamte Spektrum der Handlungen im Islam angewendet werden, von häuslichen über religiöse bis hin zu politischen Handlungen. Unter Berufung auf das Prinzip der Darura kann sich der Anhänger an alle Lebensbedingungen anpassen und z. B. das Pflichtgebet ausfallen lassen, den Ramadan nicht einhalten, alle Arten von Lebensmitteln essen, sich nicht an die Kleiderordnung halten usw.

Mohammed, der als verbindliches Vorbild für alle Muslime gilt, konnte sich in der Zeit der Anfänge des Islams sehr gut anpassen. Dies hält an, solange der Islam politisch nicht an der Macht ist bzw. die Gesetze der Scharia nicht eingeführt sind.

Für Österreichs Schulen bedeutet das, dass die Einführung islamischer Speisen, Gebetsräume, Kleiderordnungen und Verhaltensregeln, wie z. B. Fasten im Ramadan, abgelehnt werden können, ohne dadurch die Religionsfreiheit einzuschränken. Durch die Anwendung des Darura-Prinzips wird jedenfalls die Integration erleichtert.

9. SCHULE IST EIN AUSBLICK AUF UNSERE GESELLSCHAFT VON MORGEN

Grundhaltungen

Meine Elternvertreterin kommt aus dem Libanon

Ich habe gemeinsam mit Mayla, einer meiner Elternvereinsvertreterinnen, einen Termin in einem Büro in der Innenstadt. Wir sind pünktlich vor Ort. Unser Gesprächspartner ist noch nicht bereit. Ein höfliches Mädchen, mit Kopftuch, einem kurzärmeligen Oberteil und Jeans bekleidet, bittet uns, Platz zu nehmen, und bringt uns Kaffee und Wasser. Mayla ist plötzlich außer sich. Schließlich beherrscht sie sich, und wir haben ein sehr gutes Gespräch.

Wieder draußen auf der Straße, beginnt sie aufgeregt zu erzählen: „Wie verrückt seid ihr hier in Österreich? Das Vorzimmer eines Büros, der Flughafen, alle Ämter, der Supermarkt, das alles sind Visitenkarten eines Landes. Österreich bekommt gerade eine islamische Visitenkarte. Abgesehen davon solltet ihr euch ein wenig mit dieser Religion beschäftigen, damit man euch nicht verarschen kann. Wer so religiös ist, dass sie ein Kopftuch trägt, kann nie kurze Ärmel tragen. Das Verdecken der Arme und der Beine ist aus islamischer Sicht mindestens ebenso wichtig wie das Tragen eines Kopftuchs."

Mayla erzählt mir von ihrem Leben im Libanon: Als ihr islamischer Vater ihre Mutter, eine Christin, geheiratet hatte, feierte das ganze Dorf, wie liberal es im Libanon sei. Als Tochter eines Muslims ist auch Mayla Muslima. Als sie dann selbst einen Christen geheiratet hat, war die Dorfgemeinschaft jedoch nicht mehr so offen. Dass eine Muslima einen Christen heiratet, wurde nicht toleriert.

Mayla und ihr christlicher Mann entschlossen sich daher, nach Europa auszuwandern, und kamen schließlich nach Österreich. Folgendes gab ihr ihre Mutter wehmütig mit auf die Reise: „Mayla, wenn du in einem fremden Land glücklich werden möchtest, musst du Folgendes befolgen: Sprich die Sprache dieses Landes, zieh dich an, wie sich die Menschen dort anziehen, und iss und trink, was man dort isst und trinkt."

Mayla hat sich darangehalten, ihre beiden Kinder haben bei mir die Schule abgeschlossen, beide besuchten danach die Handelsschule und schlossen auch diese ab. In ihrer Kindheit und Jugend waren sie bei den Pfadfindern aktiv.

Ihre Herkunft und ihre Identität hat Mayla nie abgelegt. Einmal war der Elternverein auf dem Wiener Oktoberfest, Mayla trug ein Dirndl und tanzte mit. Ein anderes Mal lud sie uns zu einer Sitzung bei sich zu Hause ein, und es gab ein großartiges arabisches Buffet. Das ist für mich ein perfektes Beispiel für gelungene Integration. Offenheit und Toleranz auf beiden Seiten.

Gemäß der islamischen Rechtsprechung können zwar islamische Männer Christinnen heiraten, da ja die Kinder in jedem Fall islamisch aufwachsen. Einer Muslima ist es aber streng verboten, einen Christen zu heiraten, es sei denn, er konvertiert zum Islam.

(Koran 60:10; Koran 2:221; Koran 5:5; Reliance of the Traveler m6.7)

„Der Vorname" nicht nur ein Filmtitel

Es gibt einen Film mit dem Titel „Der Vorname". Es ist eine Komödie mit dem Inhalt, dass ein Kind Adolf genannt werden soll. Das Entsetzen ist groß, für uns alle ist Adolf zu Recht ein belasteter Name.

Immer wieder erreicht mich ein Anruf in der Schule: „Meine Frans ist krank, kann heute nicht kommen." Die Mutter spricht nicht sehr gut Deutsch und hat einen starken Akzent. Mit Schoolfox, einer Kommunikationsapp zwischen Lehrpersonen und Eltern, kann sie nicht umgehen. Frans und seine Familie kommen aus China, bei ihrer Ankunft wollten sie ein Zeichen von Respekt und Integrationsbereitschaft setzen und gaben ihrem Sohn einen österreichischen Namen. In China gibt es andere Schriftzeichen, so wurde aus „mein Franz" „meine Frans".

Daniel ist ein auffälliges Kind, er wohnt in einer Wohngemeinschaft, aber aktuell läuft ein Verfahren für eine Rückführung zur Mutter. Als dies erfolgreich abgeschlossen ist und Daniel bei seiner Mutter wohnen darf, kommt sie in die Schule, um sich vorzustellen. Ich bin überrascht, Daniels Mutter ist eine junge afghanische Frau. Das Gespräch verläuft gut, sie erzählt mir auch von Daniels älterem Bruder, der nun ebenfalls wieder bei ihr wohnt.

Später frage ich Daniel, ob sein Vater Österreicher sei. Nein, der sei auch Afghane, aber er habe keinen Kontakt mehr zu ihm. Ich frage ihn, warum er Daniel heißt, wenn doch beide Eltern aus Afghanistan kommen. „Meine Eltern dachten, wir Kinder würden es hier leichter haben, wenn wir deutsche Namen haben. Mein Bruder heißt Stefan."

Es gibt einen bekannten ehemaligen Fußballspieler in Österreich, der längere Zeit in Spanien gespielt hat. Seinen dort geborenen Sohn nannte er aus Respekt für sein Gastland Anton Jesus, der Zusatzname Jesus ist in Spanien weit verbreitet. In Österreich hat man sich darüber eher lustig gemacht. Zu Unrecht, wie ich meine, meinen Respekt dafür hast du, und eines meiner Idole bist du soundso, lieber Toni Polster.

Mit Namen verhält es sich wie mit Kleidung und anderen Äußerlichkeiten: Meistens möchte man damit etwas ausdrücken. Der Name ist eben eine Visitenkarte. Bei Kindern mit dem Namen Maria oder Josef wird man möglicherweise auf gläubige Katholiken als Eltern schließen, auf Adolf wollen wir hier nicht näher eingehen. Ist auch die gleiche Assoziation zulässig, wenn Eltern ihr Kind Erdogan oder Mohammed (egal in welcher Schreibweise) nennen?

Kleider machen Leute, oder so, wie du dich gibst, so nimmt man dich wahr

Marcel kommt mit Flipflops und Badehose in die Schule, Farhad trägt immer Militärkleidung, Zoran trägt immer eine Jogginghose. Und dann gibt es da noch Muamar, der mit seiner Strickhaube, zu kurzen weiten Hosen, schwarzen, hohen Socken und schwarzen Schuhen zeigen möchte, was ihm wichtig ist. Während wir bei Glatze, Bomberjacke und Springerstiefeln genau wissen, was uns der Träger mit dieser

Kleidung vermitteln möchte, realisieren wir die Botschaft dahinter bei anderen (wie zum Beispiel Muamar) nicht.

Mein Sohn bekam dies in seiner Zeit in der AHS von seinem damaligen Mathematiklehrer mit einer mathematischen Formel erklärt: „Es handelt sich um eine direkte Proportionalität: Je weiter unten der Schritt, desto niedriger der Intelligenzquotient.“ Damals trugen viele Jugendliche viel zu weite Hosen und ließen sie bewusst möglichst weit hinunterrutschen, mein Sohn war einer von ihnen. Natürlich stellt sich die Frage, ob man das als Lehrperson so sagen darf, es zeigt aber deutlich, was das Gegenüber vielleicht aufgrund von Kleidung denkt.

Bei einer Veranstaltung in einer Moschee, zu der ich eingeladen war, beschwerte sich ein junger Mann, dass er immer wieder mit radikalem Islam in Verbindung gebracht werde. Er trug einen langen, oben ausrasierten Bart (einen Sunnah-Bart, wie ich kürzlich erfuhr) und eine runde Strickhaube.

Ich halte es für wichtig und für eine der vielen Aufgaben der Schule, unseren Heranwachsenden bewusst zu machen, dass mein Äußeres und meine Kleidung bei anderen Assoziationen hervorrufen. Deshalb sollten wir den Kindern Folgendes für das Leben mitgeben: „Dein Erscheinungsbild ist ein Erkennungszeichen, deine Kleidung spricht. Sei dir bewusst, dass du mit deinem Erscheinungsbild, deiner Kleidung, deiner Frisur etc., auch mit Tätowierungen eine bestimmte Wirkung und einen bestimmten Eindruck erzielst. Wenn du diese Wirkung erzielen möchtest, dann kleide dich so und nimm die Konsequenzen für mögliche Reaktionen anderer in Kauf. Möchtest du das nicht, dann kleide dich anders. Sich in eine bestimmte Richtung zu erkennen zu geben und sich dann zu beschweren, dass man so wahrgenommen wird, ist ein Widerspruch in sich.“

Genauso ist das Überhandnehmen immer extremerer islamischer Kleidung weder islamische Vorschrift noch ein

Zeichen besonderer Religiosität. Dahinter verbirgt sich eine gewisse Ideologie, es ist ein Statement und nicht Religiosität, und das sollte uns bewusst sein. Daher müssen wir entscheiden, ob wir dieses Statement unhinterfragt zulassen möchten oder nicht.

„Eine wie dich würde man in der Türkei einsperren“

In unsere Fachmittelschulklasse geht Sabine, sie ist sehr burschikos, kleidet sich auch entsprechend. In der Klasse erklärt sie, auf Mädchen zu stehen. Manchmal fügt sie auch hinzu, unsicher zu sein, ob sie nicht lieber ein Mann wäre. In der gleichen Klasse sitzt Sirwan. Er ist Kurde, zusammen mit seiner Mutter und seiner Schwester ist er aus der Türkei geflohen. Sirwan erklärt Sabine, dass er es unmöglich findet, dass lesbische Mädchen in Österreich frei herumlaufen, noch schlimmer, wenn sie sich nicht zu ihrem Geschlecht bekennen.

„Die Gesetze in Österreich sind scheiße, in der Türkei würde man eine wie dich wegsperren. Die Türkei hat bessere Gesetze“, erklärt er ganz offen im Beisein der Klassenlehrerin.

Selbstverständlich landet Sirwan bei mir in der Direktion. In aller Ruhe erkläre ich ihm die Gesetzeslage in Österreich und die Grundhaltung in unserem Land zu diesem Thema. Ebenso erinnere ich daran, warum er mit seiner Familie aus der Türkei geflohen ist und dass es wohl nicht leicht gewesen war, das eigene Land zu verlassen. Dann meine Schlussfolgerung:

„Du hast recht, die Gesetze in der Türkei und in Österreich sind unterschiedlich. In Österreich gibt es einen Vorteil: Man kann über die Einreisebestimmungen Österreichs diskutieren. Eines ist aber klar: Für jeden, der in Österreich lebt, gelten unsere Gesetze und unsere Regeln. Aber niemand wird gezwungen, in Österreich zu leben, jeder, der ausreisen möchte, kann dies tun. Wenn dir also Gesetze und Lebensweise in der Türkei besser gefallen, dann besprich das mit deiner Mutter oder warte, bis du volljährig bist. Lebe dort auf der Welt, wo du gerne leben möchtest und dir die Gesetze gefallen. Entscheidest du dich aber dafür, hier leben zu wollen, möchte ich solche Äußerungen nie wieder hören."

Sirwan geht zurück in die Klasse. Später erzählt er in einem nahegelegenen Jugendzentrum, ich sei rassistisch und hätte zu ihm gesagt, er solle sich in seine Heimat schleichen. Dies kommt auch mir zu Ohren, und ich lade Sirwans Mutter vor, um sie darauf anzusprechen. Sirwans Schwester ist schon länger an unserer Schule, während er erst in diesem Schuljahr auf Bitte der Mutter bei uns aufgenommen wurde. Sirwans Mutter ist der Schule sehr dankbar, seitdem ihre Tochter unsere Schule besucht. Die Familie hatte kein Geld, und wir haben immer wieder ausgeholfen, damit ihre Tochter an allen Veranstaltungen der Schule teilnehmen konnte. Manchmal bezahlte der Elternverein die Eintrittsgelder, manchmal der Klassenvorstand, ein paar Mal habe auch ich das Geld ausgelegt. Umso mehr enttäuschte mich die schlechte Nachrede Sirwans. Seine Mutter entschuldigte sich und erklärte mir, dass er die falschen Freunde hätte und es ihr sehr leidtäte.

Auch von offizieller Seite wurde ich auf meinen angeblichen Rassismus angesprochen, da das Jugendzentrum die Aussage Sirwans ungeprüft weitergegeben hatte. Meine Reaktion, nachdem ich die Geschichte richtiggestellt hatte:

„Ich bitte für die Zukunft um eine klare Entscheidung. Wenn ich den offiziellen Auftrag erhalte, lesbische Mädchen nicht mehr vor Anfeindungen zu schützen, werde ich es auch nicht mehr tun."

Ich denke, gerade diese Geschichte zeigt sehr schön den Widerspruch zwischen dem Schutz unserer liberalen und offenen Gesellschaft und falscher Toleranz gegenüber Weltbildern, die nicht zu unseren Werten passen.

Das Kreuz mit dem Kreuz

Ist das in den Schulen hängende Kreuz religiöses Symbol oder Bestandteil der österreichischen Tradition?

Was sagt dazu die österreichische Verfassung?

Sowohl der österreichische Verfassungsgerichtshof als auch der Europäische Gerichtshof für Menschenrechte haben voneinander unabhängig bekräftigt, dass das Kreuz seinen Platz im öffentlichen Raum hat. Beide anerkennen das Kreuz als religiöses und kulturelles Symbol, welches in den vom Christentum geprägten Ländern Europas ein wichtiges Element einer gemeinsamen Identität ist. Gleichzeitig wird festgehalten, dass vom Kreuz kein Zwang ausgeht: Es wurde mit deutlicher Mehrheit festgestellt, dass das Kreuz als passives Symbol nicht indoktriniert.

Auch wurde am 19.11.2009 mit den Stimmen von fast allen Parteien die parlamentarische Entschließung angenommen, die sich für „die Präsenz von religiösen Symbolen im öffentlichen Raum“ und „die Anbringung von Kreuzen in den Schulklassen“ ausgesprochen hat.

Damit hat das Kreuz eine Sonderstellung und ist nicht mit anderen religiösen Symbolen aus anderen Religionen gleichzusetzen. Das Christentum ist ein wichtiger Bestandteil der europäischen und somit auch der österreichischen Geschichte und ist damit nicht nur eine Religion, sondern ein prägendes Element in der Entstehung unserer Traditionen und Wertehaltungen.

Mit einer gesetzlichen Regelung, religiöse Symbole zum Beispiel in Schulen zu verbieten, wäre das Kreuz in Klassenzimmern an der Wand also genau genommen nicht betroffen.

Österreich ist ein säkularer Staat christlicher Prägung, das darf dabei nicht übersehen werden! Unabhängig von der Religionszugehörigkeit gelten für alle in Österreich lebenden Menschen die Grundwerte unserer liberalen, demokratischen und sozialen Gesellschaft, die sich in Europa aus dem Christentum entwickelt haben. Auch die bei uns geltenden internationalen Menschenrechte beruhen auf christlichen Werten.

Basierend auf der österreichischen Geschichte haben sich aus der katholischen Kirche heraus Traditionen und Bräuche entwickelt, die in der Religion ihren Ursprung und ihre Bedeutung haben und nun einen wichtigen Teil der österreichischen Identität ausmachen.

Menschenrechte sind immer gleich, stimmt das?

Die UNO-Menschenrechte sind unverhandelbar

Was wissen wir über die Internationalen Menschenrechte?

Die UNO-Menschenrechte wurden vorwiegend basierend auf christlichen Werten formuliert. Am 10.12.1948 verkündete Eleanor Roosevelt als Vorsitzende der Menschenrechtskommission in der Generalversammlung der Vereinten Nationen die Allgemeine Erklärung der Menschenrechte. Diese soll Menschen auf der ganzen Welt ein menschenwürdiges

Leben ohne Angst ermöglichen. In 30 Artikeln formuliert sie bürgerliche, politische, wirtschaftliche und kulturelle Rechte.

Aus Sicht der OIC, der Organisation für Islamische Zusammenarbeit (Organisation of Islamic Cooperation, gegründet am 25.09.1969 mit 57 Mitgliedsstaaten das größte Staatenbündnis in der UNO), ist diese Allgemeine Erklärung der Menschenrechte mit dem Islam nicht vereinbar. Deshalb formulierten sie 1990 in Kairo die Kairoer Deklaration zu Menschenrechten im Islam.

Diese Erklärung schränkt im Wesentlichen jeden Artikel der Menschenrechte so ein, dass er mit der Scharia kompatibel ist. Zum Beispiel wurde aus der Gleichberechtigung von Mann und Frau: „Die Frau ist mit dem Mann gleichberechtigt, sofern es nicht der Scharia widerspricht." In der Scharia steht jedoch: „Die Frau ist dem Mann untertan." Die Religionsfreiheit für jedes Individuum wurde ersetzt durch „… die Freiheit, den Islam zu leben."

Diese Kairoer Deklaration wurde im Jahr 2020 als OIC Declaration on Human Rights (ODHR) neu formuliert, weil sich die westlichen Staaten am Wort Scharia stießen. Inhaltlich hat sich kaum etwas verändert, lediglich ein paar Formulierungen wurden angepasst. So wurde zum Beispiel der Terminus Scharia durch Formulierungen wie „Prinzipien der islamischen Zivilisation" ersetzt, was letztlich wieder auf die Scharia hinausläuft. (Vergleiche dazu die Charta der Hamas 1990 und die spätere Neuformulierung.)

Nun gehen wir aber davon aus, dass die UNO-Menschenrechte für alle Länder (zumindest alle UNO-Mitglieder) und für alle Menschen gelten. Zumindest war das meine Meinung und mein Wissensstand bis vor Kurzem: In der Realität ist das jedoch nicht so, die Mitglieder der OIC bekennen sich zu ihren eigenen OIC-Menschenrechten (ODHR). Daher ist es wenig überraschend, dass Menschen aus diesen

Ländern ebenfalls nicht unseren (westlichen) Zugang zu Menschenrechten haben.

Aus meiner Sicht ergibt sich hier eine Diskrepanz, welcher wir mit sehr klarer und deutlicher Haltung begegnen müssen, um unsere Interpretation über Rechte und Pflichten von Menschen hochzuhalten und einzufordern.

Ich persönlich fühle mich den UNO-Menschenrechten sehr verbunden und bin der Ansicht, das sollte für jeden Menschen, der bei uns leben möchte, so sein. Für eine andere Auslegung der Menschenrechte gibt es in unserem Land keine rechtliche Grundlage!

Tag der Islamophobie – Bedeutung

Die OIC (Organisation Islamischer Zusammenarbeit) versucht seit ihrer Gründung in allen Ländern die Doktrin der Blasphemie durchzusetzen. Jede Rede oder Äußerung, die Scharia-Behörden beleidigt, ist als Blasphemie oder Verleumdung strafrechtlich zu ahnden. Seit 1998 hat die OIC den Begriff „Blasphemie“ durch „Islamophobie“ ersetzt, damit es für westliche Regierungen annehmbarer ist. Die OIC versucht, „Islamophobie“ als rechtlich gleichwertig mit „Rassismus“ und somit als Gegenstand staatlicher Gesetzgebung und Strafverfolgung zu erklären.

Seit 1999 hat die OIC zahlreiche Resolutionen bei den Vereinten Nationen eingereicht, um die freie Meinungsäußerung als „Diffamierung der Religion“ zu zensieren, wobei der Schwerpunkt auf „Islamophobie“ liegt.

Im März 2022 hat die UNO einstimmig der von Pakistan eingebrachten Resolution zugestimmt und einen Tag zur Bekämpfung der Islamophobie beschlossen. (document A/76/L.41) „… Islamophobie ist als eine neue Form des Rassismus entstanden, mit einem zusätzlichen geschlechtsspezifischen Aspekt, da Mädchen und Frauen aufgrund ihrer Kleidung und der Vorstellung, dass sie unterdrückt werden, angegriffen werden …"

Symbole und ihre Bedeutung

Palästina-Dress, Wolfsgruß und Tauhid-Finger gehören nicht in die Schule

Gökhan wird zu mir geschickt, er trägt ein T-Shirt mit der Aufschrift „1453 – Wann kommt diese Zeit endlich wieder?" auf dem Rücken. Das T-Shirt muss er ausziehen, das Gedankengut bleibt. Gökhan war wenige Tage davor einer jener Schüler, die beim Schulfest ein Foto mit mir machen wollten, und als ich mich kurz vor dem Foto umdrehe, sehe ich alle Beteiligten das Zeichen der Grauen Wölfe zeigen.

Die gleiche Geschichte mit Ramsa, sein T-Shirt mit der Aufschrift „Free Grosny" und einer Maschinenpistole darunter akzeptiere ich nicht. Ramsa ist überrascht und versteht das nicht.

Unsere Mädchen spielen erfolgreich bei der Wiener Fußballmeisterschaft mit, stolz schicken die beiden Lehrpersonen ein Gruppenfoto mit Siegerlächeln in die Lehrer-WhatsApp-Gruppe. Was sie nicht bemerkt haben: Ein Mädchen hat sich noch schnell ein nationalistisches Leibchen über das Fußballdress gezogen. Ein Statement, welches den Erfolg überschattet.

Seit dem 7. Oktober 2023 sammle ich immer wieder Kleidungsstücke mit „Free Palestine" oder Israel in den Farben Palästinas ein. Dasselbe gilt für Handycover.

Sehr offen wird Nationalismus und religiöser Fanatismus zur Schau gestellt. Jedes Schülerfoto, jedes Klassenfoto, jedes Foto von Veranstaltungen muss genau kontrolliert werden. Man verliert schon fast den Überblick: der Tauhid-Finger, der Wolfsgruß, die in die Höhe gestreckten drei Finger des serbischen Grußes, der albanische Adler, auch der nach oben gestreckte Arm als Gruß der Nazis kommt immer wieder vor. Es klingt unglaublich, aber von so manchem Muslim wird Hitler bewundert, da er Millionen von Juden getötet hat.

Weniger politisch, aber genauso aussagekräftig sind Kleidungsstücke mit Verherrlichung von Gewalt, Drogen, Alkohol oder pornografischen Aufdrucken.

Wir brauchen klare Regeln, die all das in der Schule eindeutig untersagen. Rassismus, Nationalismus, religiöser Fanatismus und Verherrlichung von Gewalt, Drogen und anderer Obszönitäten haben nichts mit legitimer freier Meinungsäußerung zu tun und haben vor allem in der Schule nichts verloren. Hier ist auch kein Platz für Schulautonomie, diese Regel muss selbstverständlich sein und von ganz oben kommen.

Erkennen von Symbolen ist eine Grundvoraussetzung für eine adäquate Reaktion

Es gibt viele Zeichen, Symbole und Buchstaben oder Zahlenkombinationen, die sich auf radikale Gruppierungen oder auf radikales Gedankengut beziehen. Alle haben in einer liberalen und demokratischen Gesellschaft nichts verloren. Aufgabe der Schule ist es, den Kindern eine Orientierung zu bieten, was in Ordnung und erlaubt ist, und was außerhalb der gesellschaftlichen oder auch rechtlichen Akzeptanz liegt. Hier gilt es, einen Grundstein für unsere westlichen und demokratischen Werte zu legen.

Eine vollständige Auflistung von kritischen Symbolen und Zeichen würde den Rahmen dieses Buches sprengen. Es folgt eine kleine Aufstellung jener Begriffe, die auch in diesem Buch vorkommen:

Der ausgestreckte Arm des Hitlergrußes, das Hakenkreuz sowie die Zahlenkombination 88 = HH = „Heil Hitler". Das Hakenkreuz selbst ist eines der ältesten Symbole und findet sich bereits auf 14 000 Jahre alten ägyptischen Darstellungen. Erst durch die Gräueltaten des Dritten Reichs wurde es zu einem Symbol für Terror und Massenmord.

Der Tauhid-Finger (IS-Finger) bedeutet grundsätzlich im Islam das Bekenntnis zu einem Gott („Es gibt nur einen Gott"). Aber vor allem seit der Zeit des Islamischen Staates mit dem Ziel, die Welt zu islamisieren, ist dieses Zeichen kritisch zu sehen. Es wird mit dem Ausrufen von „Allah u akbar" = „Gott ist groß" verwendet und symbolisiert einen Kriegsruf gegen die nicht-islamische Welt. In diesem Zusammenhang ist die Bedeutung des Tauhid-Fingers eine ganz andere und ihn zu zeigen kein rein religiöser Akt mehr.

Der Wolfsgruß ist das Zeichen der Grauen Wölfe, das sind türkische Nationalisten. In Österreich fällt dieses Zeichen unter das Verbotsgesetz. Dazu gehört auch der Zahlencode „1453", der für das Jahr 1453 steht, das mit der Eroberung Konstantinopels den Beginn des osmanischen = großtürkischen Reiches markiert. Paradoxerweise wurde und wird dasselbe Zeichen gerne in der Volksschule verwendet. In diesem Kontext möchte man aber mit dem Zeichen des „Schweigefuchses" die Klasse zum Schweigen auffordern.

Die Rabbia, die vier emporgestreckten Finger, sind das

Zeichen für die Muslimbruderschaft. Die im Jahr 1928 von Hassan Al-Banna in Ägypten gegründete Muslimbruderschaft (MB) ist die älteste und einflussreichste islamistische Bewegung. Als pan-islamisch ausgerichtete Organisation ist sie in vielen Staaten vertreten. Auch die Hamas wurde von der Muslimbruderschaft gegründet und wird nach wie vor von dieser unterstützt.

Die in die Höhe gestreckten drei serbischen Finger, ursprünglich als Zeichen der Dreifaltigkeit Gottes, werden jetzt von serbischen Nationalisten verwendet. Bekannt wurde dieses Zeichen durch das „Ich habe nur drei Bier bestellt" eines österreichischen Politikers.

Der albanische Adler steht in der Geschichte für die Verteidigung des katholischen Albaniens gegen die islamische Eroberung. Nun steht er für albanischen und damit großteils islamischen Nationalismus.

Zum Schluss noch das in Österreich beliebte „ACAB" oder „1312": Es steht für „All Cops Are Bastards" und ist meiner Meinung nach eine Herabwürdigung der Exekutive, die sich ein Staat nicht gefallen lassen dürfte und unter schwere Strafe stellen müsste. Jedenfalls in der Schule hat dieser Code nichts verloren: weder auf Wänden oder Tischen noch auf Kleidungsstücken. Die Polizei als „dein Freund und Helfer" und Respekt für alle Einsatzkräfte sollte in den Köpfen von Kindern und Jugendlichen verankert sein.

Bei diesen Zeichen und Codes ist es sehr schwierig, am aktuellen Stand zu bleiben. Immer wieder taucht die Verwendung neuer Symbole bei den Jugendlichen und damit in der Schule auf.

Aktuell sind auch die beiden Codes 505 und 515 immer mehr im Mittelpunkt. Sie beziehen sich auf Texte der islamischen Schriften (505) beziehungsweise sind sie das Symbol für den arabischen Widerstand gegen das Osmanische Reich

(515). In Österreich gewinnt die Wichtigkeit des Wissens um diese Zahlencodes gerade in Bezug auf die nationalistischen Bandenkriege zwischen syrischen und afghanischen Jugendbanden auf der einen Seite sowie türkischen und tschetschenischen Gruppen auf der anderen Seite an Bedeutung.

10. SCHULE FUNKTIONIERT ÜBER BEZIEHUNG

Schule braucht Beziehung, Kinder und Jugendliche lernen über Beziehung. Das ist ein wichtiger Grundsatz in der Pädagogik, und es gibt wenig Sätze im Bildungsbereich, die so sehr stimmen. Vorbild zu sein bedeutet Verantwortung, in Beziehung gehen zu können, heißt, Empathie entwickeln und reagieren können. Erfolgsgeschichten und schöne Begegnungen mit ehemaligen Schülerinnen und Schülern können das ein wenig beschreiben.

Als Lehrer und Schulleiter gibt es viele solche Begegnungen:

Begegnungen mit Ehemaligen

„Lass ihn gehen, der war mein Lehrer“

Eines Tages gehe ich spätabends am Gürtel nach Hause. Es parkt ein ziemlich großes und teures Auto so auf dem Gehsteig, dass man fast nicht vorbeikommt. Zwei junge Männer stehen daneben. Die Fahrbahn ist mir zu gefährlich, also zwänge ich mich zwischen dem Auto und der Hausmauer durch. Dabei dürfte ich mich etwas abfällig über die Parkmethode geäußert haben. Das war keine gute Idee.

Einer der beiden Männer kommt auf mich zu und fragt mich nach meinem Problem und warum ich ihn und sein Auto beleidige. Ich versuche zu kalmieren und entschuldige mich, schließlich bin ich friedliebend und nicht sehr kampferfahren und möchte heil nach Hause kommen. Es gelingt mir nicht, ich habe das Gefühl, kurz davor zu sein, ziemliche Prügel zu beziehen.

Plötzlich höre ich die Stimme des zweiten jungen Mannes: „Sind Sie Lehrer im Poly?“ Wir erkennen uns wieder, der junge Mann war in meiner Klasse, ich sein Klassenvorstand. Nach einem lässigen „Lass ihn gehen, der war mein Lehrer“ zu seinem Freund verabschieden wir uns, und ich kann unbehelligt weitergehen.

Mein Zimmernachbar im Krankenhaus

Ich hatte vor ein paar Jahren eine kleine Operation, das Zimmer im Krankenhaus teilte ich mit einem jungen Mann.

Am Tag nach der Operation kommt mich ein Freund und ehemaliger Kollege besuchen. Bekannt für seinen etwas rüderen Ton, macht er Witze über mich, die Lehrer im Allgemeinen und meine Schule. Der junge Mann im Bett neben mir hört amüsiert zu, mir ist das etwas peinlich. Irgendwann bringt er sich in das Gespräch ein: „Waren Sie mal Lehrer im Poly, in der Sportklasse?“

Ich bejahe, und der junge Mann sagt, dass er bei mir in der Klasse war. Ich kann mich an den Namen nicht erinnern, aber an den Geschichten, die er erzählt, erkenne ich ihn. Er hat seinen Traum wahrgemacht, ist Kfz-Mechaniker geworden und hat inzwischen eine eigene kleine Werkstatt. Den

Rest unserer gemeinsamen Krankenhausstunden verbringen wir mit intensiver Plauderei über damals und jetzt.

In der Cocktailbar

In der Praterstraße gab es einmal eine Cocktailbar, vielleicht gibt es sie noch immer. Jedenfalls war ich eines Abends mit einem Freund auf einen letzten Drink in dieser Bar. Plötzlich spricht mich ein junger Mann an, er ist in Begleitung von zwei weiteren Personen.

„Christian, bist du es wirklich? Du siehst wie damals aus. Wie geht es dir?“ Dann, zu seinen Freunden gewandt: „Er war der strengste Lehrer der Schule. In Mathematik mussten wir dauernd rechnen, und im Sport hat er uns auch gequält.“

Wieder zu mir: „Wir müssen unbedingt darauf trinken, B52 für uns alle!“ Er wendet sich wieder seinen Freunden zu: „Der strengste und der beste! Was wir alles erlebt haben, es war die schönste Zeit unseres Lebens!“

Inzwischen waren die Cocktails da. B52 ist sehr starker Alkohol, der angezündet wird, und wenn er brennt, muss man ihn mit Strohhalm in einem Zug austrinken. Ich kannte das vorher nicht, mir musste das erst mein ehemaliger Schüler erklären.

Wir trinken die erste Runde, Aaron erzählt wieder: „Der beste Lehrer, aber so streng. Wir mussten immer folgen“, und bestellt die nächste Runde B52.

Wir trinken, Aaron erzählt wieder allen, wie ich in der Schule war, bestellt die nächste Runde. So geht das bis in den frühen Morgen, keine Chance, ihm zu entkommen.

Der nächste Tag war ein normaler Schultag, ein sehr schwieriger Tag für mich, und das nicht, weil die Kinder schlimm waren.

„Herr Klar, ich habe Sie gleich an Ihrer Stimme erkannt!“

Ein anderes Mal gehe ich am Abend mit Freunden über die Taborstraße Richtung Innenstadt, wir wollen das eine oder andere Bier trinken und über das Leben philosophieren. Plötzlich spüre ich etwas Nasses auf meinem Kopf. Ich drehe mich zu meinem Freund und frage ihn, ob er den Regen auch spürt.

Völlig entspannt antwortet er: „Nein, es regnet nicht, da haben gerade Kinder aus dem Fenster gespuckt. Haben sie dich getroffen?“

Ich bin nicht so entspannt, drehe mich um und brülle zu dem offenen Fenster im zweiten Stock ein paar unfreundliche Worte hinauf. Sofort verschwinden die Kinderköpfe, dafür erscheint das Gesicht einer Frau:

„Herr Klar, ich habe Sie gleich an Ihrer Stimme erkannt! Wie geht es Ihnen? Schön, Sie zu sehen. Bitte verzeihen Sie meinen Kindern!“

Mein Freund schaut mich verdutzt an, ich rufe noch freundliche Grüße zu meiner ehemaligen Schülerin hinauf, und wir gehen in die Stadt.

Unsere erste Station ist ein bekanntes Beisl im Bermudadreieck. Wir bestellen ein Bier, der Kellner grinst mich an:

„Erkennst du mich nicht? Du warst mein Klassenvorstand in Chabad. Die beiden Bier gehen auf mich.“

Ich erinnere mich schließlich, aber Michael sieht mit vierzig doch anders aus als mit fünfzehn. Wir plaudern ein bisschen und verabschieden uns dann. Mein Freund und ich nehmen noch einen Absacker in einer Bar ebenfalls im Bermudadreieck. Er lacht:

„Wahnsinn, wir stehen schon zehn Minuten hier, und du hast noch niemanden getroffen, den du kennst und der dir erzählt, wie schön die Schulzeit war.“

Im selben Moment kommt ein junger Mann um die Ecke, sieht mich und wünscht mir einen schönen Abend. Es ist Sinan aus meiner Zeit an der Polytechnischen Schule. Er erzählt, dass er im Restaurant über der Bar als Koch arbeitet und gerade Dienstschluss hat und sich vor dem Nachhausegehen noch ein Bier gönnen möchte.

Diesmal geht die Runde auf mich. Gleich drei Begegnungen an einem Abend sind vielleicht ein bisschen viel und nicht der Durchschnitt, aber ich freue mich immer wieder über so schöne Begegnungen mit meinen Ehemaligen und zu sehen, dass sie einen erfolgreichen Weg eingeschlagen haben.

„Jetzt studieren wir beide"

Eine weitere schöne Begegnung hatte ich, als mich in Floridsdorf zwei junge Damen ansprechen:

„Wie geht es Ihnen? Sind Sie noch immer Direktor in der Schule? Können Sie sich erinnern? Wir sind Sinah und Edita. Aus der Klasse von Herrn Maier. Ist er auch noch in der Schule?"

Ich erinnere mich, lernwillige und ehrgeizige Mädchen mit guten Noten, die sich in der Schule wohlgefühlt haben. Ich konnte mich zwar nicht gleich an die Namen erinnern, aber an ihre Gesichter.

„Ja, das muss jetzt ungefähr sieben Jahre her sein, dass ihr bei uns abgeschlossen habt. Was macht ihr jetzt?"

Ich bekomme eine etwas überraschende, aber wunderbare Antwort:

„Wir haben dann ein Oberstufengymnasium abgeschlossen. Jetzt studieren wir beide an der WU und werden gerade mit dem ersten Abschnitt fertig."

Wir plaudern noch ein wenig, dann kommt meine Straßenbahn, und wir verabschieden uns.

Rapper – Islamist – Versicherungsvertreter

Einer meiner wandlungsfähigsten Schüler ist Rasim. In der Schule verbringt er viel Zeit bei mir in der Direktion, weil er den Unterricht oft stört. Aber Rasim ist immer einsichtig, und er geht auch gerne in die Schule. Bei unseren Schulfesten beeindruckt er uns immer wieder mit seinen Rap-Auftritten.

Als wir einmal bei einer überregionalen Musikveranstaltung mitmachen, bringt Rasim die Zuschauer zum Jubeln. Er singt wirklich gut, noch dazu musste er seine Texte für uns umschreiben, weil ich die beim Rap üblichen anzüglichen, sexistischen oder gewaltverherrlichenden Songtexte nicht für eine Schulveranstaltung toleriere. So wird ein Rapsong mit positivem Text über Schule und Lernen aus seiner sonst eher gewaltverherrlichenden Musik.

Nach der Schule macht Rasim eine Lehre, dann verlieren wir uns aus den Augen. Einige Jahre später spricht mich ein junger Mann in einem Geschäft an, der mit seinem Äußeren schon ausstrahlt, was er mir dann erzählt. Mit Strickhaube, langem Bart, zu kurzer langer Hose gibt sich Rasim zu erkennen, freut sich, mich zu sehen und erzählt mir, dass er täglich fünfmal bete, viel Zeit in der Moschee verbringe und keine Zeit zum Arbeiten habe.

Es vergehen wieder ein paar Jahre, dann besucht mich ein sehr gepflegter, glattrasierter junger Mann in perfekt sitzendem Anzug mit Hemd und Krawatte und erzählt mir, dass er jetzt im Versicherungsbereich erfolgreich sei und seinen Weg gefunden habe. Wir machen ein gemeinsames Foto, plaudern ein bisschen, und Rasim geht seiner Wege. Ich bin schon neugierig auf meine nächste Begegnung mit ihm.

„Hast du einen Job für mich"

Eines Tages bekomme ich eine Mail von einem ehemaligen Schüler. Kerim meldet sich und gratuliert mir zu meinem Aufstieg zum Schulleiter. Er schlägt dann vor, mich in der Schule zu besuchen. Natürlich willige ich ein und freue mich auf den Besuch.

Wenige Tage später steht ein junger Mann vor meiner Tür. Ich bitte ihn herein, und wir unterhalten uns über alte Zeiten. Er war in einer der Sportklassen im Poly bei mir. Schließlich frage ich ihn, warum er mich besuchen kommt und ob ich ihm helfen kann. Darauf sagte er:

„Ja, eigentlich bin ich hier, weil ich einen Job brauche."

Ich bin etwas verwirrt und antworte, dass ich nicht für das AMS arbeite und keine Jobs vermitteln kann. Kerim lacht und sagt:

„Aja, wir haben ja noch gar nicht darüber gesprochen. Weißt du, nach dem Poly wollte ich noch nicht arbeiten, also habe ich eine HTL begonnen. Das war gar nicht so schwer, und ich habe es geschafft und die Matura gemacht. Ich wollte aber immer noch nicht arbeiten, und so habe ich begonnen zu studieren. Jetzt bin ich fertig mit Lehramt Deutsch und Geschichte. Als ich erfuhr, dass du nun Direktor bist, dachte ich, das wäre doch nett: der ehemalige Schüler als Lehrer bei seinem ehemaligen Lehrer als Direktor."

Ich muss gestehen, ich war kurz sprachlos, doch dann waren wir uns einig, dass das eine großartige Geschichte wäre. Damals wusste ich noch gar nicht, dass ich sie einmal niederschreiben würde. Kerim begann im darauffolgenden Herbst als Lehrer bei mir. Nach zwei Jahren war das Abenteuer aber beendet, wie so viele Absolventen der Lehrerausbildung neu zog es Kerim dann in ein Gymnasium.

Was macht einen guten (Pflichtschul-)Lehrer aus?

Die Geschichte beim Klassentreffen

Eine meiner Lieblingsgeschichten ist folgende, weil sie so ergreifend ist und auch unsere Arbeit beschreibt:

Nach vielen Jahren gibt es wieder ein Klassentreffen mit einer Klasse aus der jüdischen Schule. Die Anzahl der Klassen in der Schule war damals noch sehr überschaubar, und alle Lehrpersonen sind eingeladen, die damals an der Schule unterrichteten (wir waren sieben). Es erscheinen auch fast alle Lehrpersonen und ehemaligen Schülerinnen und Schüler zum vereinbarten Treffen in einem koscheren Lokal im zweiten Bezirk.

Während wir gut essen, freuen wir uns über das Wiedersehen nach langer Zeit und auch die Lebensgeschichten unserer Ehemaligen. Fast alle ehemaligen Schülerinnen und Schüler haben Familie und teilweise viele Kinder. Einige von ihnen – auch so mancher, der das Judentum in der Schule nicht so ernst genommen hatte –, sind religiös geworden. Alle erzählen von ihrer Angst wegen der aktuellen Entwicklungen, wissen nicht, wohin sie gehen sollen, sollte der islamische Antisemitismus weiter so zunehmen. (Das Klassentreffen fand lange vor dem Angriff am 7. Oktober 2023 statt.) Viele bedanken sich bei mir für meinen Einsatz, denn bei meinen Medienauftritten mache ich auch immer wieder auf die steigende Islamisierung in unseren Schulen aufmerksam. Sie warnen mich aber, dass dies sehr gefährlich für mich sei, und ob ich keine Angst hätte.

Einige sind extra für dieses Klassentreffen aus anderen Teilen der Welt angereist, unter anderem Jozef, der jetzt Rabbiner in New York ist. Jozef war ein besonders schwieriges Kind in seiner Schulzeit und hat seiner Mutter und uns viel Kraft gekostet. Nun erzählt er eine Geschichte:

„Es war einmal ein Rabbi, der war schon alt, die anderen mussten sich um ihn kümmern. Nur eines ließ er sich nicht nehmen, seine Pflanzen zu pflegen. Egal wie mühsam es war, wie schwer die Arbeit, der alte Rabbi bestand darauf, sich selbst um seine Pflanzen zu kümmern.

Ein junger Rabbi bot immer wieder seine Hilfe an, doch der alte Rabbi lehnte ab. Irgendwann nahm sich der junge Rabbi ein Herz und fragte den alten Rabbi, warum er diese schwere Arbeit mit den Pflanzen unbedingt selbst machen musste. Der alte Rabbi antwortete:

‚Als Krieg war und ich flüchten und versteckt im Wald leben musste, haben mir diese Pflanzen mein Leben gerettet. Sie haben mich ernährt, wenn ich kurz davor war zu verhungern, sie haben mich gewärmt, wenn ich fast erfroren bin. Sie haben mich geleitet und mich gerettet. Ich werde ihnen ewig dankbar sein und mich um sie kümmern. Niemals sollte man vergessen, wer einem geholfen hat.‘

Und dann sagt Jozef, an uns gewandt: „Und diese Pflanzen seid ihr für uns. Ihr habt uns geholfen, ihr habt uns geleitet. Ihr habt uns beigebracht, was Anstand ist, was richtig und was falsch. Und wenn wir Fehler gemacht haben, wart ihr trotzdem für uns da. Wir verdanken euch Lehrerinnen und Lehrern, wer wir heute sind.“

Es war für einige Augenblicke ganz still, dann stimmten die anderen zu. Wir sind ergriffen und dankbar und haben etwas feuchte Augen. Dann wird aus dem Abend wieder eine gesellige Party mit vielen alten Geschichten, ein bisschen Alkohol und ganz vielen Erinnerungsfotos.

„Direktor ist Ronaldo“

Manchmal muss ich supplieren. Als einmal am Nachmittag die unverbindliche Übung Fußball ausfällt und die Burschen bereits am Vortag betteln, dass Fußball nicht abgesagt werden soll, lasse ich mich überreden und übernehme die Stunden.

Ich nehme mir Sportsachen mit und spiele mit den Kindern Fußball. Da mir egal ist, wer gewinnt, lege ich mehr Wert darauf, ein paar Tricks zu zeigen und coole Pässe anzubringen. Am nächsten Tag hallt ein neuer Spruch durch die Gänge: „Oida, Direktor ist Ronaldo.“

Diese Supplierungen waren eine perfekte Gelegenheit und somit eine gute Investition, um für die nächsten Wochen einen guten Kontakt zu den Fußballern aufzubauen, denn diese sind in der Schule meistens nicht immer die „bravsten“ Schüler.

Skifahren, Basketball und andere Erinnerungen, die bleiben

In meiner Zeit in der Lauder-Chabad-Schule habe ich es geschafft, dass wir jedes Jahr auf Schulskikurs gefahren sind. Die Abenteuer auf diesen Skiwochen würden vermutlich ein eigenes Buch füllen, und noch heute gehört Skifahren dort zu den jährlichen Traditionen.

Einmal durfte ich Jahre nach meiner Zeit in Chabad als Skilehrer aushelfen. Bei einer gemeinsamen Liftfahrt fragte mich ein kleines Mädchen, ob es stimmt, dass ich früher Lehrer in Chabad war. Als ich bejahte, fragte sie mich, ob ich mich an Mammuka erinnern kann (diesmal habe ich den richtigen Namen gelassen, ich bin sicher, er ist mir nicht böse, falls ihm dieses Buch in die Hände fällt). Wieder bejahte ich, und sie erklärte mir stolz, dass das ihr Vater sei. Als sie mich fragte, ob er in der Schule wirklich so schlimm gewesen sei, wie er ihr zu Hause manchmal erzähle, musste ich schmunzeln, aber auch bejahen.

Was nach meinem Weggang in der jüdischen Schule nicht fortgeführt wurde, ist unsere Basketballtradition. Zu meiner Zeit konnte jeder in Chabad Basketball spielen. Wir haben einige Titel bei den Schulmeisterschaften gewonnen und so mancher ist dem Sport auch nach der Schulzeit treu geblieben.

So traf ich als Spieler bei jedem Match gegen Hakoah ehemalige Schüler. Während das in den ersten Jahren harte Duelle waren, bei denen wir erst beim gemeinsamen Getränk nach dem Spiel Freunde waren und über alte Zeiten plauderten, werde ich eines meiner letzten Spiele gegen Hakoah immer in schöner Erinnerung behalten:

Ich war schon etwas älter und langsamer, junge Spieler von Hakoah attackierten mich hart, um mir am Weg zum Korb den Ball abzunehmen. Ich beschwerte mich darüber. Daraufhin wurden die armen jungen Gegner von meinen langjährigen Freunden und ehemaligen Schülern im Team von Hakoah so streng zurechtgewiesen, dass sie sich nicht mehr zu verteidigen trauten.

Für meine Körbe ohne Gegenwehr bekam ich Applaus von der gegnerischen Bank. Auch wenn das sportlich nicht sehr wertvoll war, war das eine schöne Geste. Die Getränke nach dem Spiel gingen auf mich.

AUSBLICK

Wohin steuert unsere Gesellschaft, und welchen Beitrag kann die Schule leisten?

Wir leben in einem der schönsten, reichsten und lebenswertesten Länder dieser Erde. So schön die Natur in Österreich ist, daran liegt es nicht nur. Es liegt vor allem daran, dass hier Politik, Wirtschaft und die Menschen, die hier leben und gelebt haben, nach einem der schwärzesten Kapitel in unserer Geschichte, ein Land geschaffen haben, in dem sich jede und jeder so entfalten kann, wie sie oder er es möchte. Durch die Verankerung der Grundrechte in der österreichischen Verfassung und dem Beitritt Österreichs zur (Europäischen) Konvention zum Schutze der Menschenrechte und Grundfreiheiten (EMRK) im Jahr 1958 sind diese bei Verletzung auch einklagbar.

Die UNO-Menschenrechte, die österreichische Verfassung, die liberale Demokratie, basierend auf einem säkularen Staat christlich-jüdischer Prägung, sind unverrückbare Eckpfeiler unseres Lebens. Klare Gesetze für Eigentumsrechte und eine gewaltfreie Gesellschaft und eine starke und von allen respektierte Exekutive sind die Basis für unser Leben.

Das alles sollte als Unterrichtsprinzip und vielleicht sogar in einem eigenen Gegenstand „Staatsbürgerkunde“ in unser Bildungssystem eingebettet sein.

Wir brauchen eine starke Schule, in der Grundhaltung und Werte einer Demokratie vorgelebt und durchgesetzt werden, damit diese sich bei den Kindern entwickeln kann. Schulleiterinnen und Schulleiter, Lehrerinnen und Lehrer brauchen klare Richtlinien und Handlungsmöglichkeiten, um sich jenen entgegenstellen zu können, die das nicht akzeptieren wollen.

Wer in Österreich leben möchte, hat diese Grundsätze zu akzeptieren, egal wie es im Herkunftsland war oder ist. Wer das nicht tut, ist letztendlich eine potenzielle Gefahr für unseren Rechtsstaat.

Lernen wir aus der Geschichte und zeigen wir Mut, für all das einzutreten. Wir dürfen auf keinem Auge blind sein. Jedes Individuum, jede Gruppierung, die unsere liberale, offene, demokratische Gesellschaft gefährdet, muss daran gehindert werden. Rechtsextremismus und Linksextremismus sind damit genauso gemeint wie Gesellschaftsgruppen, die unseren Rechtsstaat radikal ablehnen und stattdessen einen Gottesstaat (Kalifat) fordern. Aktuelle Entwicklungen in ganz Europa zeigen, dass viele sich berechtigt Sorgen machen.

Ich halte es hier mit Arik Brauer, der im ORF in der Sendung „Im Zentrum“ Folgendes formuliert hat: „… es gibt eine Viertelmilliarde Araber, die wollen uns [Juden] lieber sehen unter der Erd oder am Grund vom Mittelmeer. Das ist so, und ich weiß das. Und von denen gibt es viele, die hier einwandern, und das ist eine Gefahr für den Antisemitismus. Wenn mich draußen jemand umbringt, dann ganz bestimmt nicht einer dieser Fechter [schlagender Burschenschafter] …“ (Arik Brauer in „Im Zentrum“ am 13.3.2018)

Die Kronen Zeitung fasste es damals so zusammen: „Er [Arik Brauer] habe keine Angst vor ein paar Ewiggestrigen, die irgendwo besoffen widerwärtige Lieder über die Vergasung der Juden singen, sondern eher vor einer Viertelmilliarde Araber auf dieser Welt, die die Juden am liebsten auf dem Meeresgrund sehen würden. Weiter meinte er, dass der Antisemitismus genau durch die Zuwanderung aus den arabischen Ländern befeuert wird. (Kronen Zeitung vom 16.3.2018)

Besser kann man es nicht zusammenfassen, und es ist heute noch aktueller als damals, daher möchte ich mit folgendem Zitat abschließen:

„Man muss die Geschichte natürlich nicht vergessen, man muss sie auf sehr hohem Niveau nicht möglichst oft, sondern möglichst gut präsentieren und erklären." (Arik Brauer in „Im Zentrum" am 13.3.2018)

Unsere Schulen haben eine große Verantwortung zu tragen: Welche Grundhaltungen und Werte den zukünftigen Erwachsenen mitgegeben werden, prägt das Bild unserer künftigen Gesellschaft. War unser Schulsystem früher ein autoritäres System, das der Persönlichkeitsentwicklung der Kinder von damals nicht förderlich war, so hat das Pendel nun in die andere Richtung ausgeschlagen.

Den Schulen stehen derzeit kaum Möglichkeiten zur Verfügung, um die Einhaltung von Grundregeln verbindlich einzufordern, was aber meiner Meinung nach unsere Verpflichtung ist. Kinder brauchen Grenzen und klare Regeln, sonst suchen sie so lange danach, bis sie diese auch finden. Der bereits einmal zitierte Kinderpsychiater Winterhoff formuliert es so: „Wenn Lehrer nicht mehr Lehrer sein können, verdummen die Kinder."

Meine Mutter hat immer gesagt: „Du musst dir in den Spiegel schauen können"

Es gibt immer wieder Phasen in meinem Leben, in denen ich unsicher bin: Habe ich die richtige Entscheidung getroffen, bin ich in die richtige Richtung gegangen? Sind meine Haltungen und meine Einstellungen richtig? Wie werden sie von anderen gesehen und beurteilt?

An den prägenden Satz meiner Mutter halte ich mich, so gut ich kann: „Was andere sagen oder denken, auch wie sie handeln, ist egal, entscheidend ist, dass du dir in den Spiegel schauen kannst."

Ich sehe schwierige Zeiten auf uns zukommen, und ich habe Sorge, dass wir zu wenig dagegensteuern. Davor möchte ich warnen. Irgendwann in zwanzig Jahren oder mehr möchte ich mir, in meinem Schaukelstuhl sitzend, in den Spiegel schauen und sagen können: „Ich habe mich für meine Überzeugungen eingesetzt."

Welche Erkenntnis ich dann haben werde, wird die Zukunft weisen: Vielleicht habe ich mich geirrt, und alles hat sich positiv entwickelt. Vielleicht hatte ich recht und konnte dazu beitragen, dass es eine gute Wendung genommen hat. Oder ich hatte recht, und niemand hat mir zugehört …

ANHANG

Medien und ich

Es hat eher zufällig begonnen. Wie vor etwa zehn Jahren der *Standard* auf mich gekommen ist, weiß ich nicht, aber der aus diesem Gespräch entstandene Artikel hat viel Reaktion ausgelöst. Danach gab es immer wieder sowohl Printbeiträge als auch TV-Auftritte. Beides macht Spaß, auch das gerade entstandene Buch sowie meine Kolumne in einer Onlinezeitung mache ich gerne. Mit dieser Präsenz und inzwischen doch einer gewissen Bekanntheit kann ich zu den Themen Bildung, Integration und auch beim Thema Islam ein wenig meine Haltung in die öffentliche Diskussion einbringen.

Ich möchte mich weiterhin einbringen, meine Meinung, meine Sorgen und meine Hoffnungen mitteilen. Was daraus entstehen kann? Noch ein Buch? Der eine oder andere regelmäßige Beitrag? Beratung? Politisches Engagement? Die Zukunft wird es zeigen, und egal, in welche Richtung es gehen soll, ich freue mich darauf.

Dank darf nicht fehlen

Es gibt einige Personen, die mit ihrer Geduld, dem einen oder anderen Ratschlag, Korrekturen, fachlicher Überprüfung oder manchmal aufmunternden, aber auch immer wieder kritischen Bemerkungen beigetragen haben, dass hier das entstanden ist, was entstanden ist. Ich möchte einfach all jenen „Danke" sagen, ohne hier Namen zu nennen.

www.wasistlosinunserenschulen.at

Dieses Buch soll zum einen beschreiben, was in den Schulen los ist, aber vor allem wünsche ich mir, dass es ein Weckruf ist. Wir sind es unseren Kindern schuldig, uns ernsthaft mit der Entwicklung unserer Gesellschaft zu beschäftigen.

Mich interessieren auch Ihre Meinung und Ihre Erlebnisse:

Irre ich mich in meiner Analyse? Erleben Sie Ähnliches? Haben Sie eine andere Sicht zu meinen Lösungsvorschlägen oder zusätzliche Ideen?

Bitte schreiben Sie mir, sagen Sie mir Ihre Meinung, erzählen Sie Ihre Geschichte. Sollte daraus vielleicht sogar ein zweiter Teil entstehen, darf ich Ihren Beitrag verwenden? Natürlich wird jeder Beitrag absolut anonymisiert.

Was haben Sie in der Schule, im Kindergarten oder im Alltag dazu erlebt?